後悔しないための

ロジカルな意思決定 スマートチョイス

はじめに――人生は選択の連続

人生は選択の連続です。
人生の節目で、選択に悩みます。

「どの大学に進学しよう。自宅から通えるA大学がいいかな、いや野球部に入るなら、下宿になるけど野球が強いB大学かな」

「結婚しようか、独身のままでいようか。独身の方が気楽だけど、ずっと独身というのもちょっと心細いし」

大きな節目だけではありません。日常生活でもいろいろな選択をします。

「今日は雲行きが怪しいけど、傘を持っていくべきかな。でも傘は邪魔になるし、手ぶらにしようかな」

「ランチは牛丼にしようかな、ハンバーガーにしようかな。いや、昨夜は焼き肉だったし、あっさり目で蕎麦がいいかな」

そして、良い選択をすれば満足度が高まり、幸福に感じます。

「良い会社に転職できて、充実した仕事で、給料も上がって大満足！　思い切って転職して良かった」

逆に悪い選択をすれば不満を感じ、不幸になります。

「大学の近くの下宿に引っ越したら、通学は楽になったけど、夜間も土日も関係なくクラスメイトが遊びに来るようになって、プライベートがなくなっちゃった……」

満足と不満、幸福と不幸を分ける選択。

近年、この「選択」という作業がとても難しくなっています。いろいろな要因がありますが、もっとも影響が大きいのは選択の幅が広がったことです。

かつては、いまほど選択肢がたくさんありませんでした。しかも、「こういう選択をするべき」という社会の合意がありました。

「地元の小学校・中学校・高校に通い、学校内の部活に参加し、偏差値に応じて大学を選び、卒業したら正社員として就職し、数年たったら結婚し、子供を二人生み、一戸建ての住宅をローンで購入し、ローンを払い、定年まで会社に勤めて、退職とともに年金生活をし、80歳くらいで……というのが〝普通〟の日本人の人生だ」

ところが、学校・企業・働き方・住居・家族構成など、どんどん多様化し、複雑化しています。

「会社に通いながら夜間のＭＢＡで勉強しよう」

「ボランティアワーカーとして働きたい」

「アパートもいいけど、シェアハウスに住むのもいいかな」

ここで出てきた夜間のMBA（経営大学院）、ボランティアワーカー、シェアハウス、いずれも2000年以降に、広まったことです。近年、世の中のいろいろな分野で、選択肢は着実に増えています。

どんどん増える選択肢。その中から的確なものを選ぶのは、容易なことではありません。生活・仕事の満足度、人生の幸福感を高めるには、選択に卓越する必要があります。

ところが、私たちは家庭でも、学校でも、会社でも、選択についてきちんと学んでいません。正確には、選択肢の〝内容〟についてはそこそこ学びますが、選択の〝方法〟については学んでいないのです。

たとえば、40代の夫婦が老後に備えて個人年金に加入するとします。このところ、いろいろなタイプの年金が登場していますから、ネットで調べたり、金融機関が主催するセミナーに参加して、「どんな年金があるのかな」と調べます。選択肢の内容については学ぶわけです。

ところが、金融機関はどのように情報を集めて、情報をどう整理・分析し、どういう基準で決定するか、という選択の方法を教えてくれません。金融機関は、自分たちの年金商品を売りたいので、選択の方法を教えてセミナー参加者が選択に迷ってしまうようでは困るからです。選択の方法については、なかなか学べないのです。

本書は、選択の方法について解説します。私たちが生活や仕事で直面するさまざまな選択の場面を取り上げて、正しい選択の進め方を紹介します。

キーワードは〝**KKDからロジックへ**〟。

KKDとは、勘・経験・度胸の略です。ロジック（logic、論理）とは、簡単に言うと思考の筋道です。

選択の場面で私たちは、KKDに頼ります。

「先輩との約束に時間通りに行こうかな、ちょっと早めに行こうかな。前回10分遅れても怒られなかったから、時間通りで十分かな」

「どの馬に賭けようかな。考えてもどうせわかんないし、ここは勘と度胸で」

ＫＫＤで選択すると、いちいち考える必要がないので、スピーディに決めることができます。繰り返し発生する単純な問題や博打のように考えても答えが見つからない場合、ＫＫＤで選択します。

しかし、これまでに経験したことがない複雑な問題の場合、ＫＫＤでは太刀打ちできません。複雑な問題とは、進学・就職・転職・結婚・転居などです。

ここで大切なのが、ロジックです。問題の原因がどうなっているのか、どういう解決策があるのか、どういう選択基準が有効なのか、といったことをしっかり考えると、正しい選択をし、成果を上げる確率が高まります。

第1章以降、生活・仕事のさまざまな場面を取り上げて、ロジカルな選択の進め方を紹介します。

人生の節目にする選択、毎日の選択。良い選択ができると、生活が、仕事が充実します。本書を読んで良い選択をして、生活を、仕事を変えましょう。

第3章 選択を後悔しないためには?

第4章 選択基準を明確にして決定しよう

第5章 選択の間違いを避けるには？

第6章 実践！ 選択のワークシート

第1章

選択が生活と仕事を変える

私たちの生活・仕事は、選択の連続です。良い選択をできるかどうかが、生活の満足・幸福や仕事の成果を左右します。本書の始めに、良い選択とはどういうものかを考えます。

良い選択と満足・幸せ

私たちは、家庭で、学校で、職場で、**選択**をします。選択あるいは**意思決定**とは、いろいろな可能性から悪いものを避け、良いものを選び出すことです。

良い選択をして良い結果が出ると、生活が良くなります。仕事がうまく進みます。

生活が良くなり、仕事がうまく進むと、生活や仕事の満足度が高まります。幸せになります。

- 自分の興味・関心に合った良い趣味を選択すると、気持ちが豊かになります。生活に張りが出ます。
- 自分の能力・特徴に合った良い職業を選択すると、職場での生活が充実しますし、成果を上げやすくなります。
- 朝、その日の気分と気候に合った良い服を選択すると、一日中気持ちよく過ごすことができます。
- 友達の誕生日に良いプレゼントを選択すると、友達が喜んでくれます。友達が喜ぶ顔を

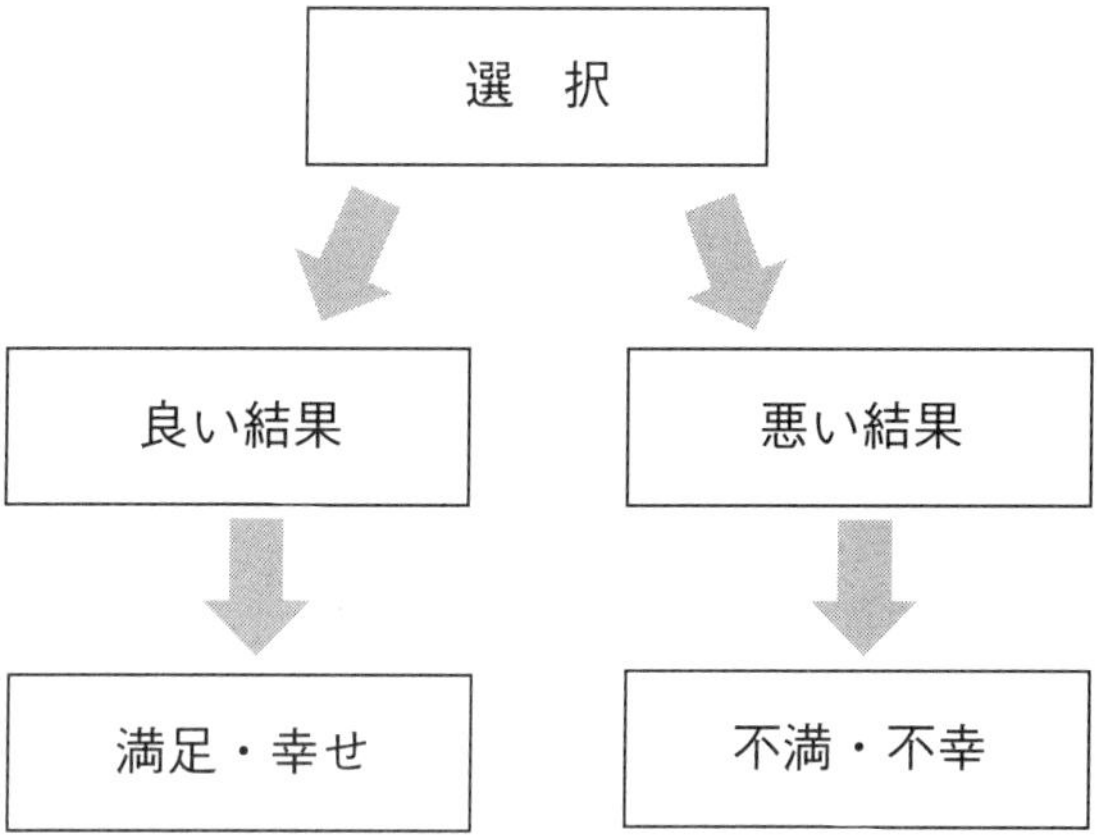

見ると、自分もうれしくなります。

もちろん、こうした選択で失敗すると、不満・不幸になります。

●自分の興味・関心に合わない趣味を選んでしまうと、毎日がおもしろくありません。

●自分の能力・特徴に合わない会社に入ってしまうと、会社に行くのが憂うつです。

●気分にも気候にも合わない服装を選ぶと、気持ちが乗ってきません。

●せっかく友達に誕生日プレゼントを贈ったのに、喜んでもらえないと、悲しい気分になります。

私たちの仕事や生活における満足・不満、幸不幸は、選択の良し悪しにかかっているのです。

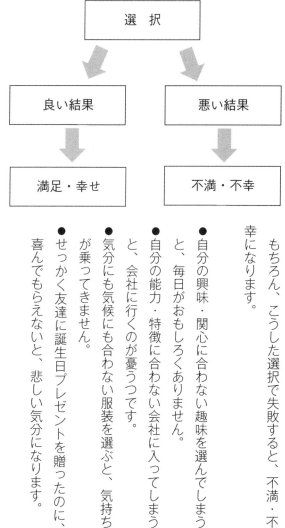

成功者は選択の成功者

世の中には、政治・ビジネス・スポーツ・芸術などいろいろな分野で成功者がいます。成功者とは、他の人からは抜きん出た成果を上げた人です。

子供の頃から目指したことをやり続けて成功するのはまれで、多くの成功者は、無限に広がる人生の可能性から選択をしています。

iPS細胞を開発し、2012年にノーベル医学・生理学賞を受賞した京都大学の山中伸弥教授。学生時代にラグビーをやっていた経験から、スポーツによる外傷や障害を負った患者さんを治療する整形外科医になりたいと考えました。最初は研修医として国立大阪病院に勤務しました。

しかし、山中教授は手術が苦手でした。犬やマウスの手術なら上手くいくのに、人間が相手だと緊張して思い通りにできないのです。うまい人なら20分で終わる手術に2時間もかかりました。そんな山中教授についたあだ名は「ジャマナカ」。指導医から「お前はほんまに邪魔や」と言われました。

山中教授が最初に担当したリウマチ患者は、全身の関節がみるみるうちに変形する重症でした。「いくら神業のような手術テクニックを持っている医師にも治せない病気や怪我がある」、この事実を目の当たりにした山中教授は、自分の能力だけでなく、臨床医の限界も感じたのです。

この体験から、山中教授は外科医としての道をあきらめました。そして、「自分にできることはなんだろう」と考え、研究者の道を選択しました。

もちろん、良い選択をするだけで不十分です。同じ選択をしているライバルがいますから、選択した分野で卓越するためには、人一倍の努力をする必要があります。山中教授も、実験用マウスの世話に忙殺されるなど恵まれない研究環境の中、睡眠時間を惜しんで研究を続けました。

また山中教授は、「ビジョンのないハードワークは無意味」と言います。いくら必死に努力しても、努力する方向が根本的に間違っていては、成功はかないません。山中教授が不向きな外科医の仕事でどれだけ努力を重ねても、一流の外科医、世界的な権威になるのは難しかったことでしょう。

良い選択をし、人一倍の努力をすることが、成功の絶対条件です。成功者は選択の成功者であり、努力の成功者なのです。

良い選択

＋

人一倍の努力

＝

成功者

良い選択、悪い選択

私たちは物心ついてから現在まで、たくさんの選択をしてきました。そして、日々選択を積み重ねています。良い選択をして満足することもあれば、悪い選択をして後悔することもあります。

あらためて、良い選択、悪い選択とは、どういうことでしょうか。

もちろん、生活や仕事に良い結果をもたらすのが良い選択、悪い結果をもたらすのが悪い選択なのですが、良い選択と悪い選択にはどういう違いがあるのでしょうか。

例をまじえて少し詳しく比較してみましょう。まず良い選択。

鉄鋼商社に勤める田村さんは、入社10年目の中堅社員です。入社7年目に30歳の節目を迎えるにあたり、自分の今後のキャリアについて考えました。

田村さんは、入社以来、福利厚生・給与・営業補助・営業を担当してきました。それぞれの業務について、得意・不得意、好き・嫌い、成果の大・小などを振り返りました。また、他部門の同期入社の仲間から社内にどういう業務があるのかヒアリングをしました。自分の能力・興味、会社側の必要度などいろいろな側面から検討し、入社3・4年目に担当した給与業務に最も強く興味を持ったので、今後深めたいと思いました。

早速、上司に人事部への異動の希望を伝えるとともに、社会保険労務士の受験勉強を始めました。通信教育を受講し、出張の隙間時間や休日を使って学習し、2年目で合格しました。

1年目は田村さんの異動希望は叶いませんでしたが、努力が認められて2年目に人事部に異動になりました。現在田村さんは、「営業もわかる人事担当」として、給与計算や制度設計の業務で活躍しています。

これは、田村さんにとって自分の関心・希望にかなった業務を選択するという良い結果が出たので良い選択です。次に悪い選択です。

大学生2年生の小椋さんは、夏休みをどう過ごそうかと迷っていました。そこへタイミングよく、先輩の増田さんからアルバイトを依頼されました。増田さんがずっとやってきたイベントの設営作業で、今年は就活で忙しいので、代わってほしいということです。

小椋さんは体力を使うアルバイトは苦手でしたが、日ごろからお世話になっている先輩からの依頼ですし、予定が空いていたので、即座に引き受けました。

ところが、予定していた2つのイベントのうち、1つ目が台風で中止になってしまいました。手当てが出なかっただけでなく、現地までの交通費を支給してもらえませんでした。

また、2つ目のイベントで、機材搬入の作業中、腰を痛めてしまいました。その治療が長引いて、2学期の授業を欠席がちになり、必修科目を1つ落としてしまいました。

これは、小椋さんにとって悪い結果に終わったので、悪い選択です。
では田村さんの良い選択と小椋さんの悪い選択では、どういう違いがあるでしょうか。

良い選択と悪い選択の違いは？

田村さんと小椋さんの例では、対照的な結果になりました。結果だけでなく、選択の進め方にも大きな違いがあります。

良い選択と悪い選択は、どういう進め方の違いによるのでしょうか。４つの違いがあります。

①主体的に決めたか、従属的に決めたか

〈田村さん〉30歳という節目にあたり、何を学ぶか自ら考えて選択しました。主体的
〈小椋さん〉先輩に頼まれてアルバイト先を選択しました。選択というよりも了承です。従属的

②状況を分析したか、しなかったか

〈田村さん〉入社以来これまで担当した業務を振り返りました。

〈小椋さん〉スケジュール以外、仕事内容や支払条件、体調などをとくに確認しませんでした。

③いろいろな可能性を検討したか、しなかったか

〈田村さん〉他の業務を含めて今後の可能性を幅広く検討しました。

〈小椋さん〉決め打ちでいろいろな可能性をまったく考えませんでした。

④決定基準を明確にしたか、しなかったか

〈田村さん〉自分の能力・興味、会社側の必要度などから興味を重視して選択しました。

〈小椋さん〉スケジュール以外は決定基準を意識しませんでした。

この2人の選択の進め方の比較から、良い選択をするためのポイントが見えてきます。

主体的に選択する

良い選択をするための第1のポイントは、主体的に選択することです。

選択には、自分自身が**主体的**に選択する場合と誰かに頼って**従属的**に選択する場合があります。

従属的な選択、他人を頼りにした選択というのは、次のような場合です。

中学生の吉田さんは、両親から勧められて学習塾に通うことにしました。

大学生の上坂さんは、仲の良い同級生から誘われてテニスサークルに入りました。

従属的な選択でも、結果として良い成果が得られることがあります。

吉田さんの両親が学習塾のことをよく知っていれば、良い学習塾を選択できます。

上坂さんの同級生がテニスサークルの内容・活動やあなたの興味・関心をよく知ってい

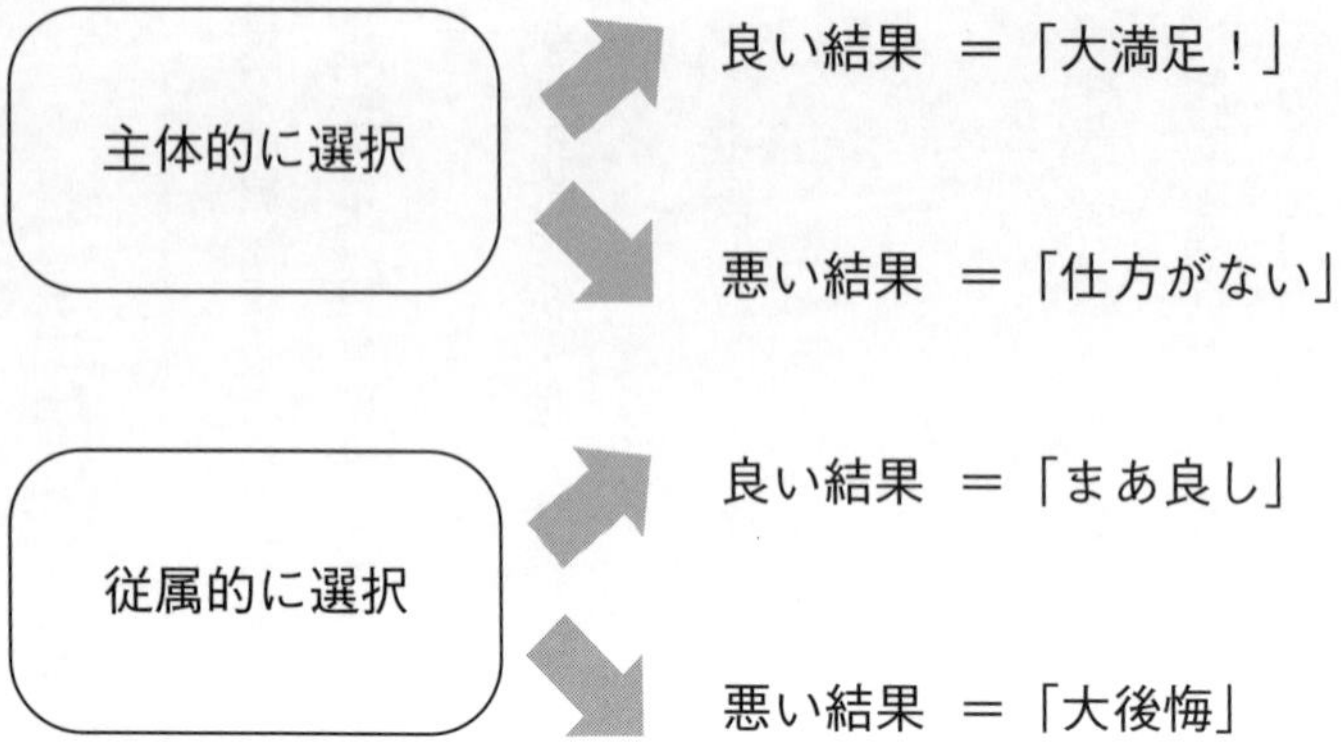

れば、良いサークルを選択できます。

ただし、他人を頼りに選択すると、良い結果になってもそれほど満足感はありません。自分が努力したわけではないので、達成感がないからです。

逆に、頼りにした他人が選択する内容についてよく知らないという場合、好ましくない結果になります（たまたま運が良く、良い結果になることもありますが）。

自分で選択したことなら、悪い結果になっても、「まあ仕方ない」と納得できます。しかし、他人を頼りに選択して悪い結果になると、「こんなことなら、自分で決めれば良かった……」と後悔します。

つまり、他人を頼りに選択すると、良い結果になってもあまり満足できず、悪い結果になると大いに不満を感じるのです。

また、主体的に選択することによって、選択から学び、成長することができます。この効果については第2章で詳しく紹介します。

選択の結果に対する満足度を高めるためには、そして選択を通して成長するには、自ら主体的に選択した方が良いのです。

状況を確認してから選択する

良い選択をするために2つ目に大切なのは、しっかり状況を確認してから選択することです。

選択は、いろいろな状況で行われます。

●切羽詰まった状況で選択することもあれば、余裕を持って選択することもあります。
●今後の展開がかなり見えている状況で選択する場合もあれば、五里霧中という状態で選択することもあります。
●一人で選択することもあれば、複数のメンバーで選択することもあります。

こういう状況を考慮せず、闇雲に選択するのは好ましくありません。選択するにあたり、まず選択するテーマ、自分自身、影響が及ぶ相手などに関する状況を調べる必要があります。

伊達さんは、夏のボーナスが入るまであと1カ月で、あまりお金がありません。この状況で、再来週、彼女の誕生日を迎えます。誕生祝いのプレゼントに何を贈るべきか迷っています。

この選択では、彼女が伊達さんのことをどれくらい好きか、彼女がどういうプレゼントを欲しがっているか、どれくらいの予算になるか、ボーナスはいくら入るのか、カードで買えるか、といった状況を確かめる必要があります。

福原さんには84歳になる病弱な母親がおり、遠く離れた四国の実家で一人暮らしをしています。福原さんは、母親と一緒に住むべきか、母親に介護施設に入ってもらうべきか迷っています。

この選択では、母親の病状、自分は転居が可能か、母親を呼び寄せることが可能か、母親と自分の財産状態、といった状況を確かめる必要があります。

ここでやっかいなのは、家庭・職場・学校・地域社会など世の中のあらゆる場面で状況が複雑化・多様化していることです。

●技術革新が進み、職場での仕事の進め方が複雑化しています。
●インターネット、SNSの普及で、コミュニケーションの方法が多様化しています。
●グローバル化や規制緩和で職場や地域社会のメンバーが多様化しています。

状況が複雑化・多様化すると、選択が難しくなります。

よく、選択では「スピードが大切」と言われます。たしかに、目まぐるしく変化する時代にゆっくり選択していると、状況が変わってしまいます。また、同じことをやるならスピーディに選択し、実行した方が効果的です。とくにビジネスやスポーツのように他社・他人と成果を争う場合、競争相手に先んじて選択・実行するべきです。

しかし、状況を確認せず大あわてで選択し、間違えてしまっては元も子もありません。

複雑化・多様化した状況では、スピードよりもまずしっかり状況を確認する必要があるのです。

さまざまな可能性を考える

良い選択をするために3つ目に大切なのは、さまざまな可能性を考えて選択することです。

選択を後悔することがよくあります。いろいろな後悔のパターンがあります。

「選択するべきなのに選択せずにやり過ごしてしまった」

「まったく重要性の低いテーマを取り上げてしまった」

「選択に時間がかかりすぎてチャンスを逃してしまった」

「実現困難な選択肢を選んでしまった」

中でも典型的な後悔は、以下のような場合です。

原田さんは、百貨店でサービス企画を担当しています。新しい有料サービスについて、A・B・Cという3つのアイデア（選択肢）を思いつきました。

それぞれ期待効果（1年間の収入増加額）を見積もったところ、A：60百万円、B：50百万円、C：40百万円とわかりました。そして、期待効果が一番大きいAを選択し、部門長の承認を得て実行しました。

実施から半年たって、Aはだいたい当初の見込み通りの効果が出ています。ただ、それとは別に、最近XとYという新サービスを思い付きました。Xの期待効果は70百万円、Yの期待効果は30百万円とわかりました。

原田さんは、A・B・Cという3つの選択肢の中でベストのAを選びましたが、X・Yも加わった全体では、Xがベストでした。選択する際、最初に思いついたA・B・Cだけでなく、X・Yを含めたすべての可能性を考えるべきでした。

このように、パッと思い付いた選択肢に飛びついて、実行した後、別のもっと良い選択肢が見つかって後悔することがあります。

「あっちにすれば良かった……」と後悔しないためには、さまざまな可能性を考え、すべての選択肢を列挙した上で決定する必要があります。

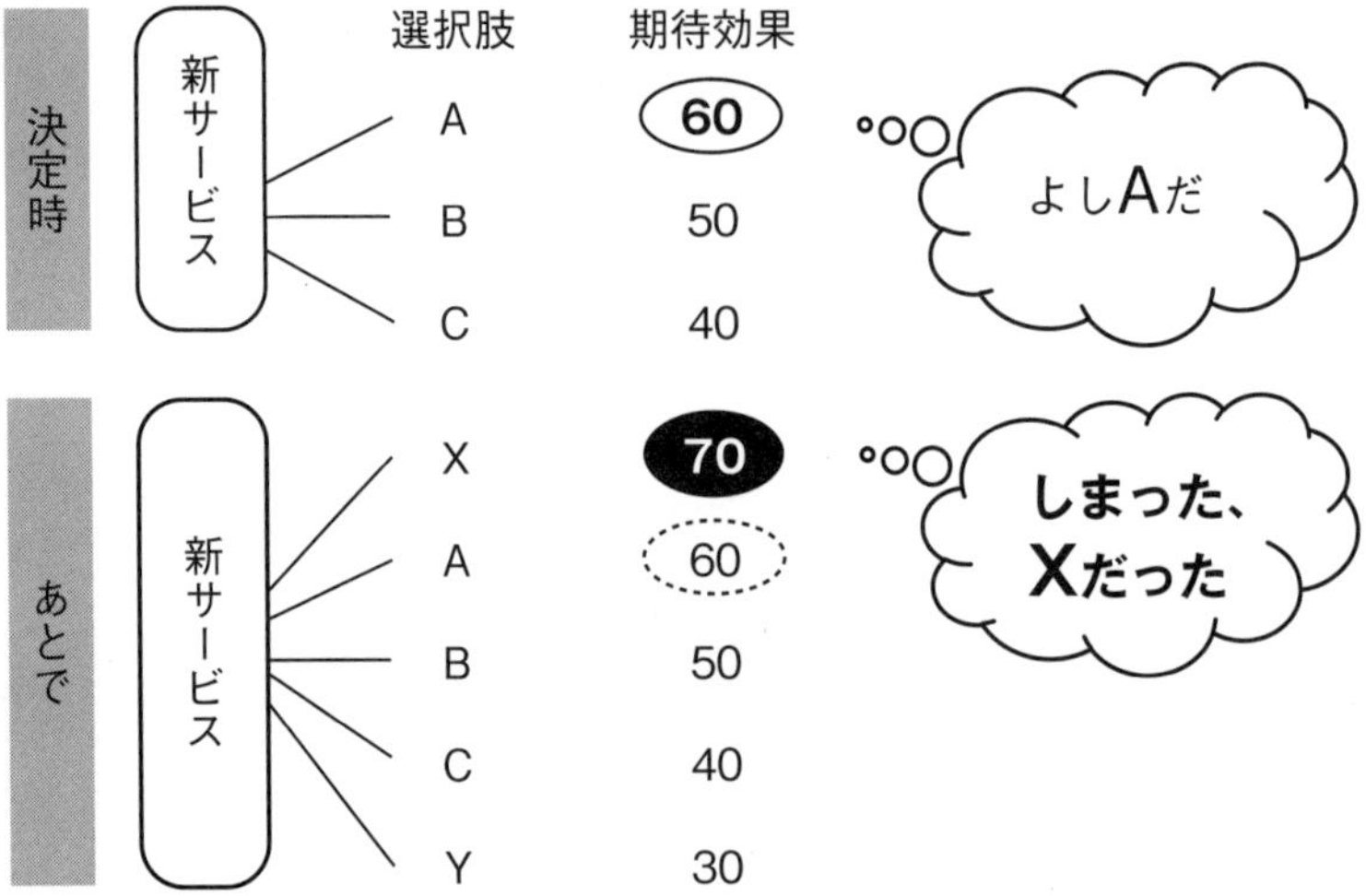

ただ、世の中が複雑化・多様化すると、選択肢が増えます。選択肢が増えると、すべての選択肢を列挙するのは難しくなります。

●社会人が自己啓発をする場合、昔は参考書を買って読むのが一般的でした。いまは、資格予備校、通信教育、Ｗｅｂラーニングなどさまざまな学習方法が普及しています。
●資産運用を運用する場合、昔は安全確実に郵便局に貯金するか、リスクを取って株を買うか、という選択でした。いまは、個人向け国債、社債、個人年金、外債、商品ファンド、不動産投資信託など、さまざまな運用方法を気軽に、しかも低コストで利用できます。
●海外に住む友人に連絡を取る場合、昔は手紙で安く済ませるか、高い通話料を払って国際電話をかけるか、という選択でした。いまは、電子メール、ＳＮＳなどさまざまな連絡手段を安価に利用できます。

選択肢が増えることで、生活は便利になり、仕事は効率化します。選択肢が増えるのは、とても良いことです。しかし、選択肢の増加で選択肢を列挙するという作業はどんどん難しくなっているのです。

決定基準を明らかにして選択する

選択で大切な４つ目のポイントは、決定基準を明らかにすることです。

選択では、複数の選択肢からメリットの大きい選択肢を選び、メリットの小さい他の選択肢を排除します。メリットの大小が決定基準ということになります。

ただ、この〝メリット〟というのが不明確です。

メリットというとまず思い浮かぶのは、金銭的なメリットでしょう。かかる費用と得られる効果を金額ベースで比較することです。

アパレルチェーンのM店で売り場チーフをしている落合さんは、来月、全店でプロモーションをする商品Aを重点的に売るか、今月M店でよく売れた商品Bを引き続き重点的に売るか迷っています。

このアパレルチェーンでは、売上高の伸び率でチーフの業績が評価され、ボーナスが決まる仕組みです。

この場合、落合さんは、商品Aと商品Bがどちらが売れそうか予測して選択します。売上高の予測は難しいかもしれませんが、決定基準は金銭的なメリットだけなので、それほど迷いません。

ところが、決定基準は金銭的なメリットだけとは限りません。金銭的なメリット以外にも、いろいろな決定基準があります。複雑なテーマでは、7つ8つと決定基準があることも珍しくありません。

川下さんは、お正月をどう過ごすか迷っています。川下さんの実家に行く、温泉旅行に行く、自宅で過ごす、という3つが候補です。
費用、家族の楽しさ、実家が嫌いな奥さんの意向、受験勉強を始めた高校2年生のお嬢さんの事情、長くお嬢さんと会っていない実家の両親の意向、などを考慮しなければなりません。

この例では、「お正月をどう過ごすか」がテーマ、「実家に行く」「温泉旅行に行く」「自宅で過ごす」が選択肢、そして「費用」「家族の楽しさ」「奥さんの意向」が決定基準です。

決定基準が複数ある場合、どの決定基準を重視するかを考える必要があります。たとえば

●川下家が金欠で「費用」を重視するなら、「自宅で過ごす」を選択します。

●川下さんの奥さんが最近とても不機嫌で、「家族の楽しさ」と「実家が嫌いな奥さんの意向」を重視するなら、「温泉旅行に行く」を選択します。

ここでもやはり、あわてて決定基準を決めて選択するのは得策ではありません。まず、テーマに関連する代表的な決定基準を列挙し、どれが重要な基準なのかを見極めるようにします。

速い、正しい選択

以上の良い選択をするための4つのポイントについては、第2章以降でさらに詳しくノウハウを紹介します。

この章の終わりに、ロジカルに考えて選択することの重要性について確認しましょう。

選択では、よく「スピード」が強調されます。
「ビジネスはスピードが命。さっさと決めて着手しよう」
「グズグズ迷っても仕方ないよ。踏ん切りをつけてさっさと決めなさい」

たしかに、変化の激しい現代社会では、スピードが大切です。ぼやぼやしていると、選択を取り巻く状況が変わってしまいます。また、ビジネスやスポーツのような競争相手がいる場合、相手に先を越されてしまいます。

ただ、スピードが最優先されるわけではありません。「速い、正しい」選択が理想ですが、まず「正しい」選択をすることが大切で、その上でスピードが問われるのです。

もちろん、複雑化・多様化した現代の生活・仕事では、正しい選択をするのは容易ではありません。じっくりと腰を据えて、状況や選択肢を確認した上で選択する必要があります。

遅い、間違い ＜ 速い、間違い ＜ 遅い、正しい ＜ 速い、正しい正しい選択をするためには、ロジカルな思考が必要です。ロジカルとは、筋道が立っている状態です。

あることがらと別のことがらがどうつながっているのか、原因と結果の関係は、目的と手段の関係はどうなっているか。こうした筋道を明らかにすると正しい選択ができます。

まず、ロジカルな分析で正しい選択をできるようになりましょう。正しい選択をできるようになったら、少しずつスピードを上げましょう。

次の第2章以降、ロジカルな選択の進め方を解説します。選択は、一般に「テーマ設定」→「状況確認」→「選択肢列挙」→「決定」というプロセスを踏みます。

このプロセスに沿って、第2章で「テーマ設定」、第3章で「状況確認」と「選択肢列挙」、第4章で「決定」の考え方・技法を紹介します。

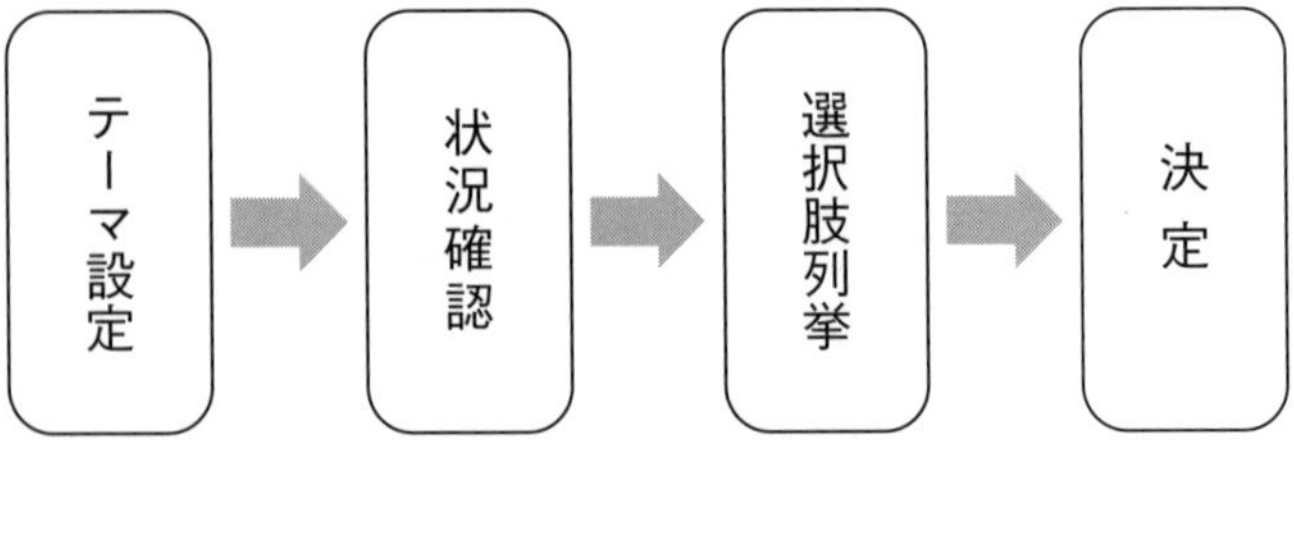

第5章では、ロジカルではない非合理的な選択をしてしまうケースとその対応について検討します。

そして、第6章では、就職・転居・結婚といった代表的な選択テーマについて書き込み選択に至るワークシートを紹介します。

第2章

何を決めるかをまず決めよう

選択の出発点はテーマ設定です。選択を回避せず、意識的にテーマを設定して意思決定します。この章では、生活や仕事にプラスになる良いテーマをどのように取り上げるかを考えます。

選択を回避するのが最も良くない

私たちは、普通、「よし、○○について決めよう」と思い立って選択します。何かを決めようとまず決めるわけです。

ところが、選択するべきなのに、選択を回避してしまうことがあります。

運送会社に勤務する下川さんは、3月のある日、引っ越し作業中に腰を痛めてしまいました。医者に行ってきちんと診てもらおうか、腰への負担が軽い作業に担当を変えてもらおうか迷いました。

しかし、当初は何とか作業をこなせる状態だったこと、引っ越しシーズンで忙しかったことから、しばらく様子見をすることにしました。

そうして無理を押して引っ越し作業をしているうちに、腰の状態が悪化しました。引っ越しシーズンが終わって医者に行ったところ椎間板ヘルニアと診断され、手術と2週間の入院を余儀なくされました。

完治して職場に復帰後も負荷の大きな作業を担当できなくなり、会社に迷惑をかけ

ていまっています。いま、下川さんは転職するべきかどうか悩んでいます。

選択を回避してしまうのはなぜでしょうか。理由は、人によって、状況によってさまざまです。

「状況をよく把握できないので、いまはちょっと決められない」

「これから状況が好転するかもしれない。あわてて行動するより、ちょっと待った方が良さそうだ」

「いちいち考えるのが面倒くさい」

「とくに理由はないけど、なんとなく決められない」

皆さんも、過去に重要な選択を回避してしまった経験はないでしょうか。経験を思い起こして、その理由を確認してみてください。

もちろん、選択すればすべてうまく行くというわけではありません。選択を間違えて、悪い結果を招いてしまうこともあります。また、選択を回避していたら事態が好転したということもよくあります。

しかし、選択すべきなのに回避して「ああ、あのときちゃんと決めておくべきだった」と後悔するのは、精神衛生上、良くありません。変化の激しい時代、自分に都合の良い方向へ事態が変化するよりも、悪い方向に向かってしまう可能性の方が高いはずです。回避せず、選択するときには選択するべきなのです。

次に悪いのは他人に頼った選択

必要な選択を回避し、いたずらに現状維持するのが最も好ましくない状態です。次いで良くないのが、他人を頼りに従属的に選択することです。選択というより同調です。

私たちは、権威のある人や著名人の言うことに従ったり、周りの人に合わせたり、流行に乗ったりします。自分以外に大勢の人がいて、取りあえず周囲に合わせようとする心理のことを同調バイアスと言います（第5章で詳しく紹介します）。

庭田さんは、以前から高級ブランドL社のバッグがほしいと思っていました。しかし、最近別の高級ブランドG社のバッグが流行っているようです。好きな女優も G 社のバッグを愛用していると知りました。庭田さんは心変わりして、G 社のバッグを買うことにしました。

「体調が悪いので、今夜の2次会はちょっとパスしたいな。でも、みんながさあ行こうって盛り上がっているから、まあ行くか」

他人、とくに有名人や専門家に頼れば、なんとなく安心ですし、考える手間も時間も省けます。自分の考えを持っていない人、面倒臭がりの人、過去に自分で選択して失敗した人、権威に弱い人などは、他人に同調しやすくなります。

もちろん、絶対に他人に頼ってはいけないというわけではありません。結果として他人の意見・多数派の意見が正しく、いちいち考えるまでもなかった、ということがよくあります。とくに、自分が他人よりもそのテーマについて知識・経験など劣っている場合、他人に頼るのが得策です。

ただし、第1章でも紹介したとおり、他人に同調して成功しても、「ああ、うまく行ったな」というだけで、達成感はありません。学習して成長することもできません。一方、失敗したら「なんでしっかり考えなかったんだろう」と大いに後悔します。心理的な満足度を考えると、他人に頼るべきではないのです。

重要でない問題や解決できない問題に悩まない

問題が起こったらテーマとして取り上げ解決策を選択します。

●風邪を引いたら、医者に行くか、薬で済ませるか、とにかく寝るか、選択します。
●営業パーソンの営業成績が落ちたら、顧客訪問回数を増やす、品揃えを増やす、値引きする、といった対策を選択します。

問題を放置すると、事態が悪化することがよくあります。「どうにかなるだろう」と医者にいかずに風邪を放っておいたらこじらせてしまった、「ちょっと面倒だな」と営業成績の不振を放置していたら市場環境が悪化し、ますます成績が落ちた、という具合です。

問題が起こったら、できるだけ迅速に解決策を選択し、実行するべきです。

ただ、すべての問題に対処するわけではありません。問題が起こっていても選択をしない場合が3つあります。

①重要性が低い問題

一口に問題と言っても、人生や会社の存亡を左右する重要な問題もあれば、些細な問題もあります。重要性が低い場合や重要性の割に解決に大きな手間・コストがかかる場合、そのまま見過ごします。

保険会社で外回りの営業を担当している正木さんは、春の日の朝「ちょっと寒いな」と感じ、「先週しまったコートを引っ張り出そうかな」と思いました。しかし、今日は内勤で、通勤を除くと外出する用事がないので、春服のまま出かけました。

②時間が経てば自然に解決する場合

いまは深刻な状態でも、時間とともに事態が好転すると見込まれるなら、時間が経つのを待ちます。「待つ」という選択です。

小西さんがオーナーシェフをしているフレンチレストランでは、消費税率が引き上げられて以降、消費者の節約ムードから客足が落ちています。
ただ、ニュースで経済評論家が「消費税率の引き上げによる消費の落ち込みは一時的な現象。数か月もすれば回復する」と言っているのを聞いて、価格体系の変更など対策を講じるのを取り止めました。

③解決できない問題

世の中にはどうあがいても解決できない問題があります。解決不可能な問題についてあれこれ悩んでも仕方ありません。

金本さんは、子供の頃から背が低いことを悩んでいました。中学校の頃は牛乳を毎日1リットル飲むなど努力しましたが、あまり効果がなく、背が低いままです。そして、20歳になってからは、「持って生まれたもの」とあきらめることにしました。

問題を解決するには、労力・資金・時間など**資源**（resource）が必要です。そして、資源は有限です。こうした解決できない問題については、解決に取り組まず、資源を節約するのが得策です。

もちろん、あっさり「重要な問題ではない」「時間が経てば事態は好転する」「解決するのは無理」と決めつけるのはいけません。本当に重要でないのか、時間が解決してくれるのか、解決不可能なのか、確認する必要があります。

カナダの精神科医エリック・バーンは、「**過去と他人は変えられない。しかし、いまここから始まる未来と自分は変えられる**」と言いました。選択は、重要で解決できそうなこと、自分と未来だけを対象にします。

主体的に選択しよう

テーマ設定は、置かれた状況、テーマの内容、本人の性格などによってさまざまです。最終的に良い結果が出るのが良いテーマ設定、悪い結果になるのが悪いテーマ設定ということになります。

ただ、テーマを設定した後に状況がガラッと変わったり、実行の進め方が悪かったり、不運に見舞われたりすることがあります。良いテーマ設定をすれば良い結果を得られるとは限りません。

結果の良し悪しとともに結果に対する満足度も考慮すると、悪い順から、「選択を回避」→「他人を頼りに選択」→「問題発生を受けて選択」で、最も好ましいのは「主体的に選択」です。

主体的に選択するのは、容易なことではありません。考える手間も時間もかかります。うまく行くのかどうか不確実ですし、そもそも他人と違った選択をすることが不安感を掻き立てます。

しかし、主体的に選択すると、良い結果が出れば達成感がありますし、思わしくない結果になっても「まあ仕方ない」と納得することができます。

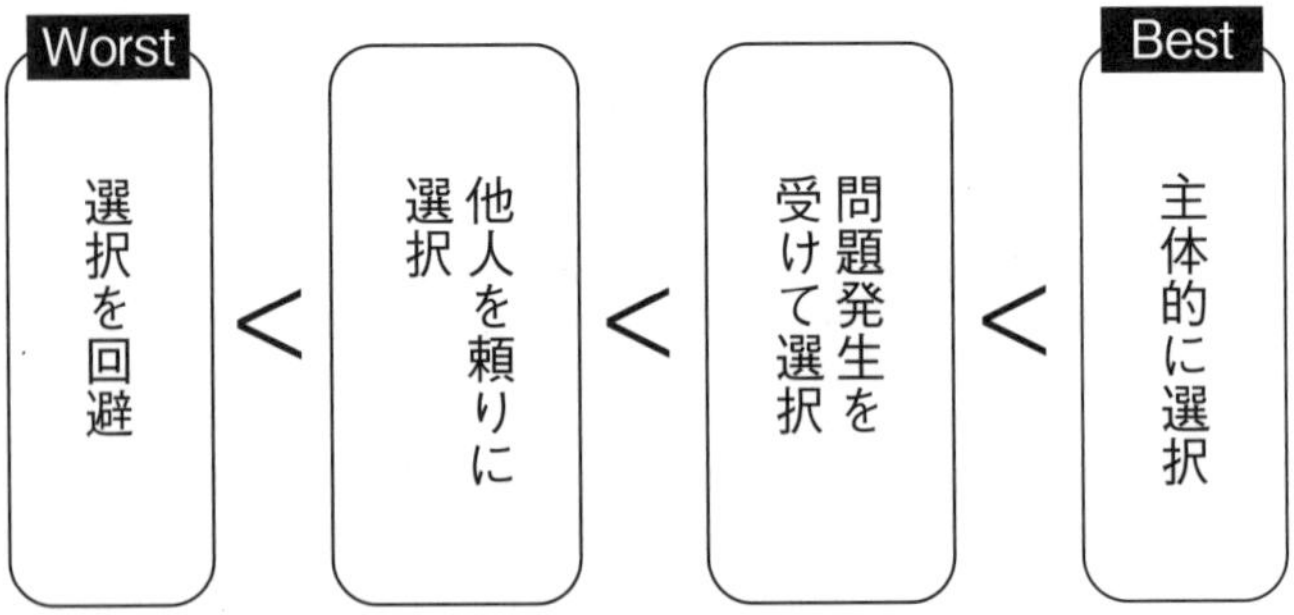

主体的な選択で成長する

しかも主体的に選択するのと他人を頼りに選択するのでは、長い目で見て自分自身の成長が違ってきます。これは、ぜひ注目していただきたい事実です。

他人を頼りに選択すると、うまく行っても一時的に自分の状態が良くなるだけで、自分自身に本質的な変化はありません。それに対し、自分で選択して成功すると、確かな自信が得られます。自信が付くと、より大きな目標に挑戦し、さらに大きな自信を得ることができます。

他人に頼って失敗すると、失敗の原因・責任を他人に押し付けるだけで、反省することは（あまり）ありません。それに対し、主体的に選択して失敗すると、何が悪かったのか反省します。反省し、次の機会で反省を生かす、この繰り返しで選択がどんどん上達します。つまり、主体的に選択すると、成功しても失敗しても大きく成長することができるのです。

人生の成功者は、主体的に選択しています。あるいは、偶然や幸運による転機をうまく取り込んで、人生を良くなるように方向づけています。

もちろん、一直線で成功者に登り詰めるとは限りません。人生の要所で主体的に選択し、成功と失敗を繰り返し、選択を通して成長し、最終的に成功をつかみ取っています。第1章で紹介した山中伸弥教授もそうですし、数々の自動織機を発明した豊田佐吉も、失敗から学び、失敗を糧に成長を続けて、最終的に成功者になりました。

ごく短い期間について言うと、主体的に選択しても、他人を頼りに選択しても、結果に大きな違いはないかもしれません。考える時間や手間、心理的な負担を考えると、主体的に選択する方が非効率で、むしろ悪い結果に終わることもあります。

しかし、長い目で見ると、主体的に選択することで、自信が付き、選択することが上達し、大きく成長します。結果も違って来るはずです。

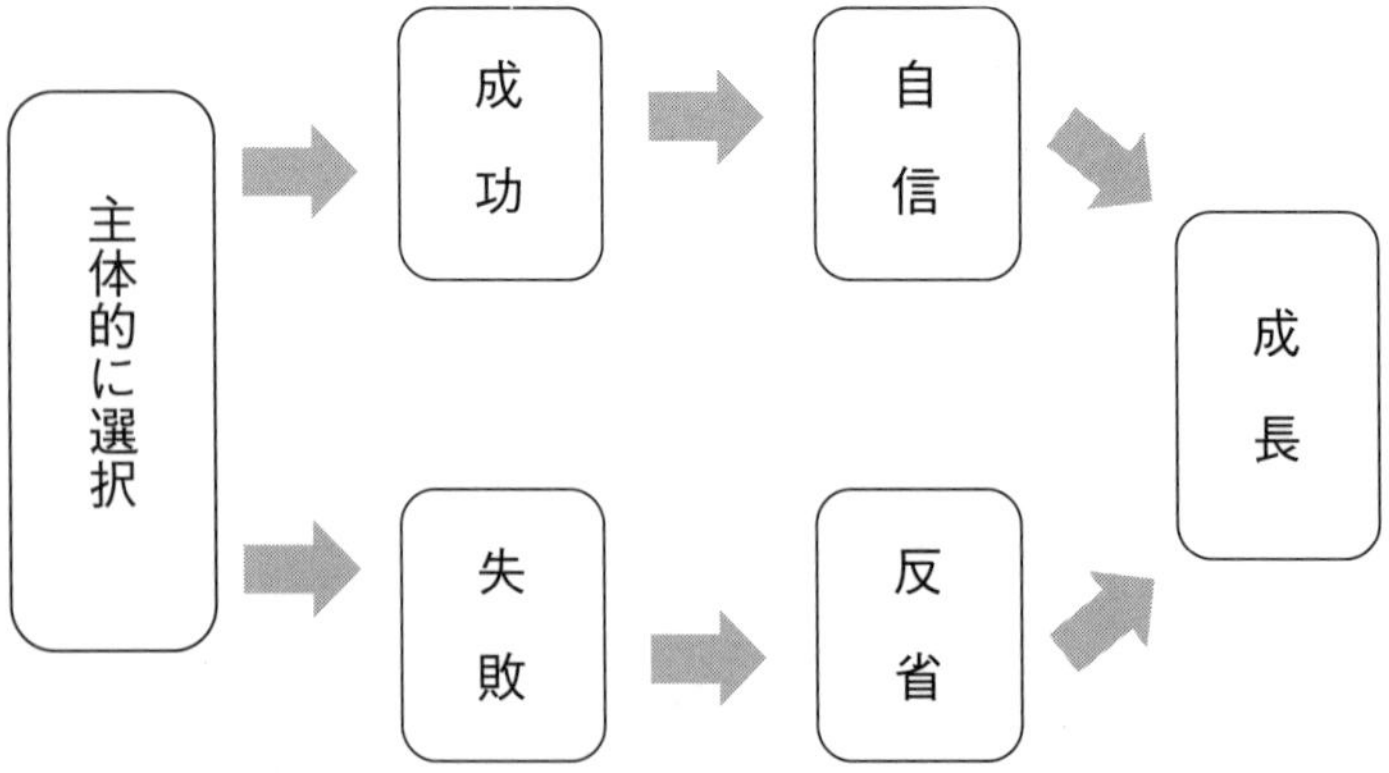

悪いテーマとは

ただし、主体的に選択すれば万事OKというわけではありません。

選択のテーマには、良いテーマと悪いテーマがあります。

まず悪いテーマとは、選択・実行しても自分自身・家族や勤務先・地域社会など関係先が良い状態にならない、あるいは悪い状態になってしまうテーマです。

川俣さんは、医薬品メーカーで営業担当をしています。11の病院を担当しており、各病院を月1～3回訪問しています。病院を訪問する際には、アポ取り、説明資料作り、旅費精算、社内報告という前後の作業があり、この作業で1回当たり2～4時間かかっています。

そこで、川俣さんは「営業活動の効率化」というテーマに取り組むことにしました。作業を分析し、検討した結果、訪問回数の削減と社内報告書の簡素化を実施しました。

この2つの改善によって、川俣さんの業務負担は軽減され、残業時間は大幅に減りました。

しかし、この改善から3カ月たって、いくつかの病院から「最近、川俣さんの対応が悪くなった」という声が届いています。川俣さんの上司は「ちゃんと営業活動をしているのかどうか、見えにくくなった」と言っています。そして何より、川俣さんの営業成績がこの改善を境に急激に落ち込み、次回のボーナスは大幅に減ってしまいそうです。

この例では、川俣さんが「営業活動の効率化」というテーマを取り上げたことによって、顧客である病院、上司、そして川俣さん自身が悪い状態になってしまいました。結果的に悪いテーマだったことになります。

一般に悪い結果が予想されることをテーマ設定することはありません。川俣さんも、良い結果になると信じてテーマを設定したのでしょう。

ただ、川俣さんのように面倒なことを避けて楽をしたい、他人に任せたい、という主旨で取り上げるテーマは、自分はともかく関係者には悪い影響を及ぼすことが多いはずです。

良いテーマとは

逆に、良いテーマとは、選択・実行することによって、自分自身や関係先がより良い状態になるテーマです。

悪いテーマの逆で、人助けをしたり、誰もやりたがらないことに取り組んだりするテーマは、関係者が良い状態になり、結果的に自分にも良い影響が現れます。

また、問題が起こったとき、原因を究明して抜本的な対策を打つと、問題発生前と比べて状況が格段に改善することがあります。

羽生さんは、化成品メーカーで営業管理課に所属し、昨年4月から顧客にサンプルを発送する業務を担当しています。

担当になって間もない4月下旬、ある顧客から依頼を受けて、商品Jの無償サンプルを発送しました。しかし、発送後、商品Jのサンプルは無償ではなく有償で、顧客に費用を請求しなければならないことが判明しました。顧客との関係上、改めて代金を請求するのは難しく、未請求分15万円が損失になってしまいました。

羽生さんが有償サンプルを無償と間違えたのは、前任の飯岡さんからの引継ぎミスが原因でした。４月に業務を引き継いだ際、飯岡さんから「商品Jのようなたまにしかサンプルを要求されないものは無償で処理して良い」と口頭で伝えられました。しかし、会社のルールでは「10万円超の有償サンプルを無償化するには部長承認が必要」だったのです。

そこで、羽生さんは「業務引継ぎの見直し」に取り組みました。1か月かけて営業管理課内の引継ぎの状況を調査し、改善案を作成しました。引継ぎ文書の作成と引継ぎ結果の報告などを主体とする改善案を中村課長に報告し、承認を得ました。

さらに中村課長から「これは全社展開した方がよいのでは？」と勧められて、羽生さんは他部門の引継ぎの状況も調べ、改善案をブラッシュアップしました。1か月後、全社の改善提案制度に応募しました。羽生さんの提案は見事に採択され、９月から全社展開されました。

この会社では、各担当者が思い思いの方法で引継ぎしたり、引継ぎをしなかったりと、かなりずさんな状態で、大きな人事異動がある4月と10月には細かい業務ミスが多発していました。羽生さんの改善策が全社展開されてからは、多くの部門でミスが激減しました。

羽生さんは、ミスで会社に15万円の損害を与えてしまいました。しかし、「業務引継ぎの見直し」という選択のテーマを取り上げたことで、自分自身だけでなく、業務課、さらには全社の業務が改善しました。15万円の損害をはるかに上回る改善効果があったはずで、良いテーマだったと言えます。

街灯の下の鍵探し

私たちは、生活・仕事をより良くする良いテーマを取り上げる必要があります。

しかし、良い選択テーマは、多くの場合、実行し、成果を実現するのが困難なテーマでもあります。

先ほど、解決できないテーマを悩んでも仕方ないと説明しました。これは間違いないのですが、簡単に「これはちょっと解決できないな」と決めつけるのも良くありません。

「**街灯の下の鍵探し**」という、古くから伝わる寓話があります。以下のような話です（いろいろなバージョンがあります）。

ある公園の街灯の下で、何かを探している一人の男がいました。そこを通りかかった警察官が、男に「何を探しているのか?」と尋ねました。すると男は「家の鍵を失くしたので探している」と言いました。

警察官は気の毒に思って、しばらく一緒に探しましたが、鍵は見つかりません。そこで、警察官は男に「本当にここで鍵を失くしたのか?」とたずねました。すると、男は、平然とこう答えました。「鍵を失くしたのは、あっちの暗いほうなんだけど、あそこは暗くて何も見えないから、よく見えるこの辺りを探しているんだ」

私たちは、解決できそうな悪いテーマに着目し、解決できそうにない良いテーマはやり過ごしてしまいます。

上司からの命令や顧客からの依頼など従属的に選択のテーマが決まる場合、悪いテーマでも取り組まざるを得ないということがあります。しかし、自ら主体的にテーマを取り上げる場合、良いテーマを取り上げることにこだわるべきなのです。

あるべき姿から良いテーマに気づく

では、どうすれば良いテーマを設定できるのでしょうか。

何より大切なのは、思い付きで選択するのではなく、立ち止まって、「これは本当に良いテーマなのだろうか？」と自問することです。

問題、とくに緊急性の高い問題が発生すると、大あわてで解決策の実行に進もうとします。あるいは、進学・就職・結婚といった節目のときは、周りの意見に同調したり、ムードに流されたりします。

そうならないよう、「あ、これは選択の場面だな」と思ったら、選択する前に一歩立ち止まって、良いテーマかどうか確認するにようにします。

立ち止まって何を確認するのでしょうか。

仕事・生活・家庭などのあるべき姿を描いて、現状との違いを確認し、テーマを形成します。

松永さん夫妻は、中学校1年の長男正男君の生活態度のことで悩んでいます。

小学校まではおとなしかった正男君が、最近、好き勝手に行動するようになっています。両親に無断で遠方に出かけたり、高額なものを買ったりすることがあります。また、家庭のルールを破ることが増えました。

ある日、松永さん夫妻は、正男君のことを話し合いました。最初は、毎晩正男君にその日の行動を報告させようか、携帯のGPS機能で監視しようか、と正男君をコントロールする方法を検討しました。

しかし、話し合っているうちに、「中学生になって自我が芽生えて、勝手に行動するのは、むしろ自然なことでは？」と気づきました。そして、中学生になった正男君のあるべき姿は、主体的に行動すること、将来の成長に繋がる良い活動をすることだと考えました。

松永さん夫妻は、頭を切り替えて、「正男君が成長する良い活動」とは何なのかを考えることにしました。

松永さん夫妻が最初に検討した「正男君をコントロールする方法」というテーマは、どんな方法を実行しても、おそらく正男君が反発し、事態は改善しないでしょう。事態が良くならないので悪いテーマです。しかし、中学生のあるべき姿を考えた上で設定した「正男君が成長する良い活動」は、うまく行けば正男君が大きく成長できます。より良い状態になるので、良いテーマです。

あるべき姿は、目の前にないので、認識するのは容易ではありません。秘策はありませんが、折に触れて「そもそも」を自問する癖を付けるようにします。癖を付ける自信がないという方は、手帳や携帯の待ち受け画面に「そもそも」と書いておくなど工夫すると良いでしょう。

そもそも、その選択は必要なのか

あるべき姿について考えことは、物ごとの本質や「そもそも」を考えることです。そして、「そもそも」を考えると、そもそも選択する必要があるのかどうか迷うことがあります。

石川さんは、親友に誘われて、百貨店にバーゲンにやってきました。友達付き合いでやってきただけで、とくに買いたいものはありませんでしたが、あるショップでピンクのワンピースが目に留まりました。そのワンピースをしげしげと見ていると、店員が近寄ってきて、「お客さんにとってもお似合いですよ！」と勧められ、その気になってきました。

そのワンピースは定価9万円から6万円に値下げされています。「うーん、それでもちょっと高いな」と思っていると、心を読んだ店員が「こちらのグレーのワンピースは4万円ととてもお値打ちです。シックな色合いで、お客様の雰囲気にピッタリですよ！」と言います。

ピンクにしようかグレーにしようか大いに迷った石川さんは、少し冷静に考えようと「おトイレに行って、すぐ戻ってきます」と店員に告げました。

トイレの中で石川さんは、考えました。「そもそも、いまボーナス前で金欠なのに、値下げしているとはいえ、あえて高い服を買う必要があるんだろうか。そもそも、年内はフォーマルな服を着る用事はまったくないし、あわてる必要はないかな」

石川さんは、結局ショップには戻りませんでした。


ポイントは、選択に迷った石川さんがトイレに行ったことです。店員が購入という選択を強力に勧めている状況で、自分なりに冷静に考えるのはなかなか困難です。しかし、トイレに行って一人になったことで「そもそも」を考え、必要のない選択を避けることができました。

絶対に必要な選択もあれば、必要のない選択もあります。必要のない選択を避けるには、間を置いてそもそもを考えることが大切です。

日々振り返る

問題が発生したときや人生の節目を迎えたとき、テーマの良し悪しをまったく意識しないということはないでしょう。考察が浅い深いという違いはあるものの、選択するテーマの良し悪しを考えます。

ただ、成功者は、問題発生や人生の節目といった機会だけでなく、日常的に仕事や生活の状況を振り返って、選択のテーマを形成しています。振り返りが習慣化しているのです。

ファーストリテイリングの柳井正社長は、若い頃、毎晩次のようなことをしていたそうです。

「夜、寝る前に机の前に座り、頭の中を整理する。現状の問題点をすべて書き出す。解決できることに関しては、解決までの工程表を作り、スケジュールを守って、作業に着手する。一方で、解決できないような個人的な悩み、過ぎ去った失敗だが、気にかかっていることもちゃんと書き出す。そして、自分なりに悩みの正体を見つめる」
（柳井正『柳井正の希望を持とう』より）

最も悪いのは、選択のテーマの良し悪しを意識しない人です。
少し良いのは、問題発生や人生の節目に意識する人です
そして最も良いのは、日常的に習慣として意識する人です。

×
テーマの
良し悪しを
意識しない

△
問題発生や
人生の節目に
意識する

○
日常的に
習慣として
意識する

タイミングよく選択する

主体的に良いテーマを設定するだけでなく、タイミングよく選択する必要があります。同じラーメンを食べても、空腹時にタイミングよく食べると美味しさがグンと増すように、同じテーマについて同じ選択をしても、タイミングの違いによって良い結果になったり、悪い結果になったりします。

とくに、進学・就職・結婚・出産といったライフイベントは、タイミングの良し悪しが選択の結果に重大な影響を与えることがたびたびあります。

岡本さんは現在45歳で、広告代理店でマネジャーをしています。入社以来、仕事優先で20代・30代を過ごし、40歳で結婚しました。

以前の岡本さんは、友達や同僚が子供を出産しても、それほど気にしませんでしたが、結婚したら急に子供がほしくなりました。しかし、出産適齢期をすでに過ぎていて、妊娠・出産をあきらめざるを得ませんでした。

タイミング良く選択するには、日ごろからタイミングを意識し、確認するようにします。問題に直面して振り返るとき、節目を迎えて振り返るとき、あるいは日々振り返るとき、〝あるべき姿〟だけでなく、〝あるべきタイミング〟も考えるようにします。

「ローンを組んでマンションを買いたいが、ローン金利の低い今買うべきか、マンション価格の下落が予想される3年後に買うべきか、ベストのタイミングはいつだろう?」

「転職するなら今かな。いや、現在取り組んでいるプロジェクトを終えて、実績と箔を付けてからの方がいいかな。でも、今は転職市場が売り手優位で、条件の良い仕事が多そうだし。ベストのタイミングはいつだろう?」

では、考えた挙句タイミングに迷ったら、どうするべきしょうか。

迷ったら早めに選択するべきでしょう。理由は、早めに選択して失敗してもやり直しがききますが、遅めに選択して失敗したらやり直しがきかないからです。

もちろん、早めの選択というのはタイミングの話であって、何も考えずにとにかく急いで選択しようということではありません。早めのタイミングでじっくり状況と選択肢を考えて選択するわけです。

若い世代のキャリアの選択は鷹揚に

タイミングに関して一点注意したいのは、若い世代のキャリアの選択です。

キャリア（career）とは、経歴、とりわけ職業上の経歴です。学生にとってどういう仕事に就くのか、どういう会社に就職するのかは、重要な問題です。社会人になってからも、今の仕事が自分に合っているか、これからどういうキャリアを描いていこうかと、思い悩みます。

キャリア選択において若い世代が陥りがちな誤りが、現在までの経験や現在の強み・特技を中心に考えてしまうことです。

自動車部品メーカーに勤務する増田さんは、学生時代に会計に興味を持ち、独学で簿記3級を取得しました。

入社後は工場の会計部門に配属されて原価計算など会計の基本を学びました。3年後、本社に経理部に転勤になり、決算や固定資産など会計の応用分野で経験を積みました。

現在26歳の増田さんはここまでのキャリアを振り返り、今後は会計のスペシャリストとしてキャリアを積んでいきたいと考えています。


キャリア選択の基本は、自分の特徴や強み、経験に合った仕事を選ぶことです。自分の経歴や技能を振り返った増田さんの選択に何か問題があるのでしょうか。

仮に増田さんが中高年、たとえば50歳なら、この選択は間違いではありません。半世紀生きてきて、特徴や強みが明確になっており、今後大きく変わるとは考えにくいからです。

しかし、まだ26歳の増田さんには、これから先、長い職業人生が待っています。いろいろな経験を積み、教育を受け、能力を高めていくことでしょう。今後は不確定です。

ある選択肢を選ぶのは、別の選択肢を排除することを意味します。経験の浅い20代がそれまでの限られた経験やその時点で保有する能力で選択すると、将来大きく広がっていくいろいろな可能性を排除し、視野の狭い選択になってしまいます。

増田さんの場合、もしかしたら経理でなく、同じ管理部門でも総務の方が合っているかもしれません。あるいは、営業をやってみたら意外とセンスがあった、起業家として才能があった、ということがあるかもしれません。

自分の特徴や強みに着目するのは当然ですが、若い世代の場合、キャリアの広がりも考慮し、いろいろな経験を積むようにすると良いでしょう。

「Must」と「Can」と「Will」

選択のテーマ設定について考えてきた本章の最後に、MustとCanとWill の違いについて紹介しましょう。

ここまで見てきたように、選択にはいろいろな分類があります。

- 重要な選択、重要でない選択
- 主体的な選択、従属的な選択

●良い選択、悪い選択
●仕事の選択、生活の選択
●タイミングの早い選択、遅い選択

とりわけ、良い選択をして生活や仕事を大きく変えたいなら、自分の選択がMust・Can・Willのどれに該当するかを確認すると良いでしょう。

選択する個人の側から見て、Must・Can・Willという選択の区分が重要です。

① Must＝やらねばならないこと

「来週までにレポートを提出しなければいけない。よし、いますぐ着手しよう」

② Can＝できること

「私にはプロジェクトマネジメントの専門知識があるから、わが社の今度のプロジェクトでは積極的に関与して、アドバイスをしていこう」

③ Will＝したいこと

「2年後には会社勤めを辞めて、子供の頃からの夢だったケーキ屋さんを始めよう」

Must はなんとしても選択・実行しなければなりません。上司から、家族から、社会から必要なことを求められたら、選択を回避せず、しかもできるだけスピーディに選択・実行します。

Can も重要です。専門知識や特技を最大限に活かしてできることをすることで、所属する組織の発展や周りの人たちの幸福に貢献することができます。

3つ目のWill は、人生を充実させる上で大切です。やりたいことを実施しているとき、人は最高の充実感を得ることができます。いわゆる自己実現です。

理想は、3つが重なった部分をテーマにすることです。3つ重なったテーマを取り上げ、決定・実行する

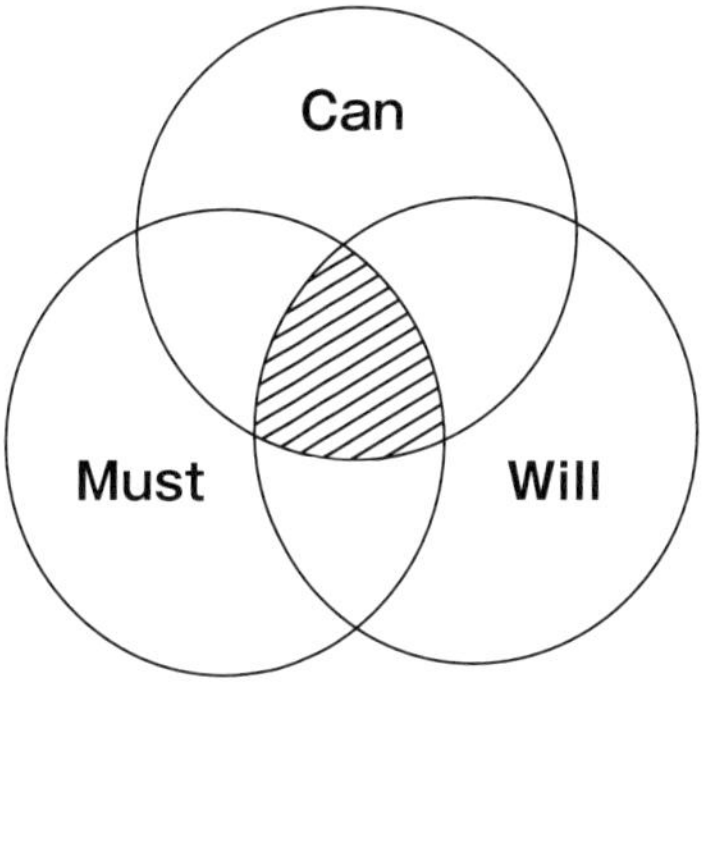

ことで、周囲からの期待に答え、自分の能力をフルに発揮し、個人的にも満足を得ることができます。

しかし、そう簡単には理想の状態にはなりません。ビジネスでも家庭生活でも、MustとCanとWill は対立することが一般的です。

「自分としては営業をやりたい（Will）が、会社から人事を担当するよう命じられた（Must）」

「得意科目で成績が良いのは数学だが（Can）、大学では法律を勉強し、ゆくゆくは法曹界で活躍したい（Will）」

現実的には、Must・Can・Will を1つのテーマで実現しようとするのではなく、別個のテーマでそれぞれを追求します。

たくさんのテーマに取り組むとき大切なのが、MustとCanとWill のバランスです。仕事や家庭で色々なことに取り組むとき、3つのバランスを意識すると良いでしょう。バランスを意識しないと、どうしても義務的にMustをこなすことの優先順位が高くなり、Mustに追い立てられる余裕のない生活・仕事になってしまいます。そして、優先順位の低いWillは、いつまで経っても実現しません。

「Will」と「Can」を探す

Mustを無視・軽視しても良いというわけではありませんが、Mustに追い立てられる生活から脱し、大きなことを実現するには、意識してWillやCanを探し出すようにします。

職場の業績向上、関係者の幸福、引いては社会の発展に貢献するのは、Canです。

自分自身の満足感や達成感をもたらすのは、Willです。

日本で最初の実測日本地図を作った伊能忠敬は、WillとCanを実践した好例です。


名主の次男として生まれた伊能忠敬は、佐原（千葉県）の商家・伊能家に婿養子に入りました。もともと商才があった忠敬は、ぞんぶんに力を発揮して伊能家を発展させました。そして、50歳のとき、長男に家督を譲って隠居します。

忠敬は、子供の頃から天体に興味を持っていました。隠居で自由の身となって、天文学を学ぶために江戸・深川に住居を移し、幕府の天体研究機関である天文方の高橋至時に弟子入りします。

天体と暦を研究する過程で地球の大きさに興味を持った忠敬は、測量から地球の大きさを推計しようと思い立ちます。そして、測量技術に研究の幅を広げ、55歳から地図の作成に取り組むようになります。

ときは幕末。ロシアなど外国船が日本に来航するようになり、幕府は沿岸防御のために日本地図を作成しようということになりました。忠敬の地図作成の取り組みと高い技術に着目した幕府は、伊能を武士に取り立て、資金援助をして伊能の地図作成をサポートするようになりました。

こうして伊能忠敬は、蝦夷地を含めて全国を9回に渡って隅々まで測量し、17年間かけて日本地図を作り上げたのでした（完成は忠敬の死後）。


伊能忠敬の場合、商家の経営がMust、天文学の研究がWill、培った測量技術を活用した地図作成がCanだと言えます。

この伊能忠敬の人生は、Can とWill が大切であること、Must・Can・Will を同時に実現するのは難しいこと、そして何かを始めるのに遅すぎることはないこと、などを教えてくれます。

もしやりたいことが思い当たらないなら、じっくりと興味のあることを考えてみましょう。

やりたいことがあるが「できそうにない」と思うなら、できるようになるにはどう行動すれば良いかを考えてみましょう。

やりたいことがあるが、「もう遅すぎるかな」と思うなら、伊能忠敬など先駆者のことを思い出してみましょう。何ごとも遅すぎるということはありません。

第3章

選択を後悔しないためには？

パッと思いついた選択肢がベストのものとは限りません。状況を確認し、すべての選択肢を列挙した上で決定します。この章では、状況を確認し、選択肢を列挙する方法を学びます。

単純な状況と複雑な状況

第2章の選択のテーマ設定に続いて、この章ではテーマに関する状況を分析し、選択肢を列挙するという作業について検討します。

選択のテーマを巡る状況が単純な場合もあれば、複雑な場合もあります。単純な状況とは、何が問題になっているのか、問題によってどういう影響があるのか、何が原因か、どういう対策が適切か、といったことが明らかな状況です。

「昨夜は調子に乗って飲みすぎて、会社に行くのがつらいな。でも、今日は決算の締め日だから休むわけにはいかない。今日一日の我慢だから、行くとするか」

単純な状況では、選択はさほど難しくありません。この例の場合、「二日酔い」という体調、「決算の締め日で休めない」という仕事の状況、「なんとか我慢できそう」という体調が明らかで、「会社に行く」という選択にほとんど迷う余地がありません。

一方、複雑な状況に直面することがあります。複雑な状況とは、何が問題になっているかよくわからない、誰にどういう影響が及んでいるかよくわからない、原因がよくわからない、ベストの解決策がわからない、といった暗中模索の状況です。


資産家の小松さんは、財産の相続について悩んでいます。今年66歳になる小松さんには、奥さんと2人の息子がいます。

長男は、昔から小松さんと仲が悪く、勘当に近い状態で、10年以上音信不通でした。しかし、小松さんの財産には関心あるようで、最近小松さんに接近し始めました。小松さんは、できるだけ長男には相続させたくないと考えています。

次男は、現在小松さん夫妻と一緒に暮らしており、関係は良好です。ただ、仕事をほとんどしておらず、小松さんをヤキモキさせています。小松さんは、相続税の負担を軽減するために生前贈与をするつもりですが、お金が入ると次男はますます仕事をしなくなり、長い目で見て本人に良くないと思っています。

奥さんは、この様子を見て、「私はそんなに財産はいらないし、息子たちに相続させてもロクなことなさそうだから、国か赤十字社に寄付しなさいよ」と言っています。


この場合、直接的には相続が問題ですが、長男との関係や次男の職業生活も問題になっており、何が大切な問題なのかわかりにくくなっています。また、解決策もいろいろとありそうです。非常に複雑な状況だと言えます。

複雑な状況で的確な選択をするには、まず状況を分析する必要があります。そして、状況がはっきりしたら選択肢を列挙し、決定します。

この章では、状況を分析し、選択肢を列挙するまでの作業を検討します。

状況を確認するとは、どういうことを確認するのでしょうか。テーマによって異なりますが、以下の項目です。

①　内容
②　背景・経緯
③　原因
④　影響
⑤　前提条件

これらの項目について、ビジネスの事例を使って考えてみましょう。

テーマの内容を確認する

最初に確認するべき状況は、テーマそのものの内容です。テーマによっては内容が明白な場合もありますが、明白でない場合もあります。内容がよくわからない状態では、選択できません。

河村さんは、システムインテグレーター・N社で人事担当をしています。
先日、人事部門を所管する水谷常務から「若手のエンジニアが不足しているから、採用方法の見直しを検討してくれたまえ」と言われました。

河村さんは、いきなり「採用方法の見直し」という解決策の検討に着手するのではなく、「若手エンジニアの不足」の内容を調べる必要があります。
早速、次のような点を調べることにしました。

●社員の在籍数は？　部門ごと、役職ごと、年齢層ごとでは？　過去からの変化は？

●近年の入社数と退職数は?
●業務遂行に必要な社員の数は?
●部門や業務内容によって過不足はあるのか?
●残業時間数は?
●品質トラブルや納期遅延は起こっているか?

水谷常務は「若手のエンジニアの不足」を問題視しています。しかし、現場のことをよく知らない水谷常務の問題認識が正しいと限りません。そこで河村さんは、「エンジニア」だけでなく全ての職種を、「若手」だけでなくすべての年齢層を確認しました。

状況を確認してからテーマを決める場合もありますが、今回のように、あまり状況を確認せずとりあえずテーマを決める(与えられる)場合もあります。後者の場合、状況を確認して想定と違っていたら、テーマを見直すことも考慮します。

河村さんが確認した結果、概ねどの部門でも、どの年齢層でも、人員が不足していることがわかりました。

ただ、就活の学生の応募数などはこの数年増えていますし、必要採用数を確保できており、同業他社と比べて新卒採用はかなり順調であることがわかりました。

一方、入社5年以内で退職する社員が昨年から急激に増えていること、同業他社と比べて離職率が高いことがわかりました。

そこで河村さんは、水谷常務に相談し、「採用方法の見直し」から「離職率の引き下げ」に検討テーマを変更することにしました。

テーマには背景・経緯がある

つぎに、テーマの背景や経緯を確認します。

突然「よし、京都に行こう」と思い立つこともありますが、たいていのテーマには背景・経緯があります。

テーマにどういう背景があるのか、どういう経緯で現在の状態に至っているのか、を確認します。

河村さんは、離職率が高まっている背景・経緯について調べました社会的には、働き方改革やブラック企業批判を受けて、残業が多く業務負荷が高い企業を敬遠する動きが広がっています。

またシステムインテグレーター業界では、人手不足からエンジニアなど技術者の賃金が高騰しています。給料の低い会社から高い会社へ転職するケースが増えています。

N社の業績は好調で、受注は増えています。また、顧客からの品質・納期などの要求は厳しくなっており、社員の業務負荷はきつくなっています。

そのため、社員から「いつも締め切りに追われている感じ」「残業が多くてプライベートが犠牲になっている」といった不満をよく耳にするようになっています。

背景の確認で大切なのは、状況を広く捉えることです。状況を俯瞰的に捉えることによって、重要な論点を見過ごしたまま検討を進めてしまうという間違いを防ぐことができます。

離職率というテーマだと、社員の不平不満や家庭の事情といった離職という行動を取る社員の個別の状況に目が行きがちです。その点、河村さんが、社会・業界・市場といった状況にも広く目を向けているのは良いことです。

また、経緯の確認では、少し遠い過去まで見るようにします。どうしても最近起こったことだけに注目しがちですが、遠い過去まで見ることで、いろいろな発見があります。

たとえば、N社で女性の離職率が高いとしたら、2016年の女性活躍推進法に対応した近年の動きだけでなく、1986年の男女雇用機会均等法から始まって労働市場がどう変わって来たか、これまでN社が女性活躍推進にどう取り組んできたのか、を確認する具合です。

原因を究明する

選択のテーマには、「子供の学校の成績が下がった」といった問題について解決策を決めるという場合と「老後にどういう趣味を始めようか」といった問題ではない場合があります。

問題をテーマとして取り上げる場合、解決策を考える前に原因を究明する必要があります。問題には必ず原因があります。原因と結果のつながりのことを**因果関係**と言います。

原因があって、その後に結果が生まれるので、さきほどの経緯を確認するところで、かなり原因が究明されていることでしょう。②背景・経緯と③原因はかなり重なり合います。

河村さんは、若手エンジニアや退職した元社員にヒアリングをするなど、離職率が上がっている原因を調べました。
その結果、業務多忙で長勤務時間が常態化し、自分の時間を取れないことに不満が高まっていることが原因だとわかりました。

ここで大切なのは、いろいろな原因を幅広く捉えることです。問題の原因は一つだけとは限りません。河村さんの場合も、「長時間労働」を原因としていますが、他にも「低賃金」「仕事にやりがいがない」「職場の人間関係が悪い」といった原因があるかもしれません。

また、複雑な問題の場合、直接の原因だけでなく、原因のさらに原因があります。トヨタ用語で「〝なぜ？〟を5回繰り返せ」と言われる

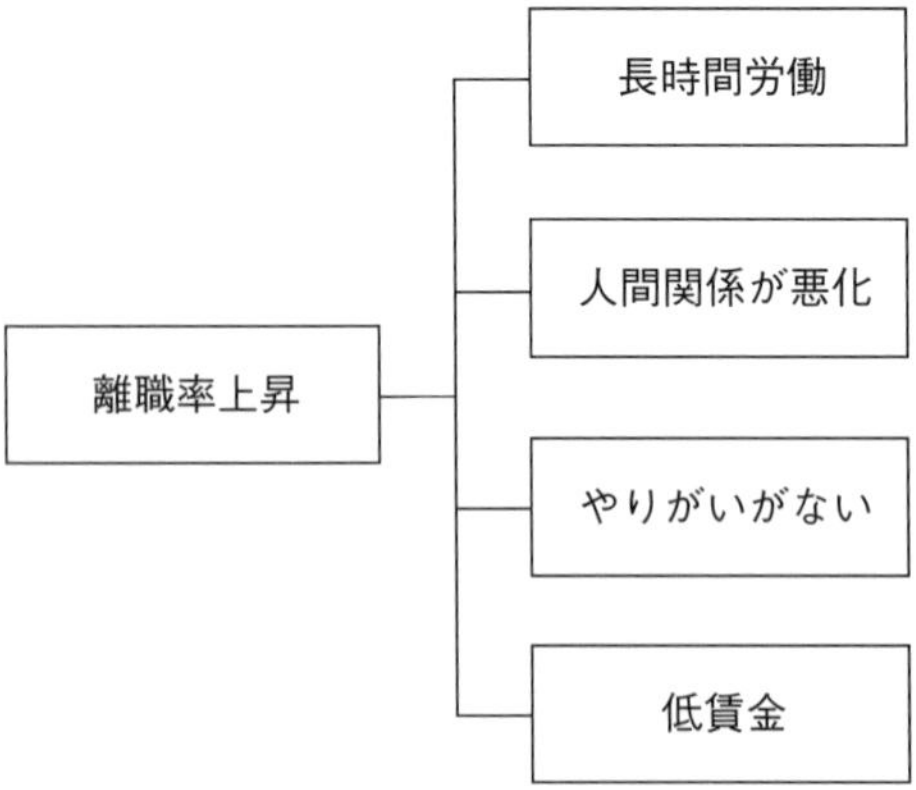

ように、原因のそのまた原因を突き止めるようにします。

「長時間労働」になっている原因は「業務効率が悪化」、そのまた原因は「顧客からの無理な要求（顧客要求の高度化）」という具合に原因を掘り下げます。

複雑な問題について因果関係を整理するとき、図のようなＷｈｙツリーで整理することもあります。**Ｗｈｙツリー**は、左・結果、右・原因という配置になっており、右に行くほど具体的な原因になっています。

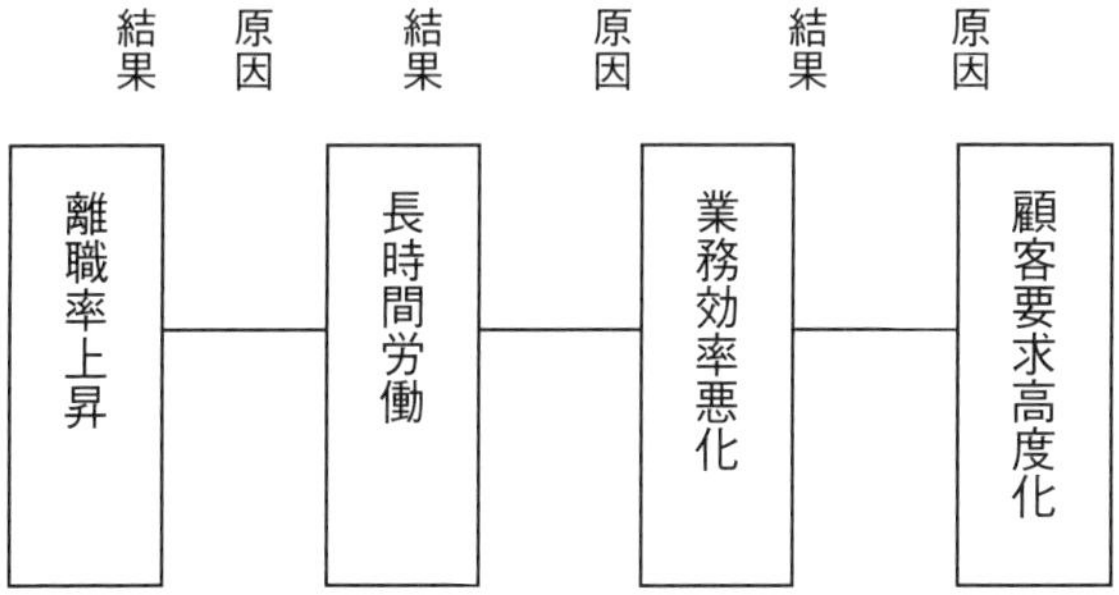

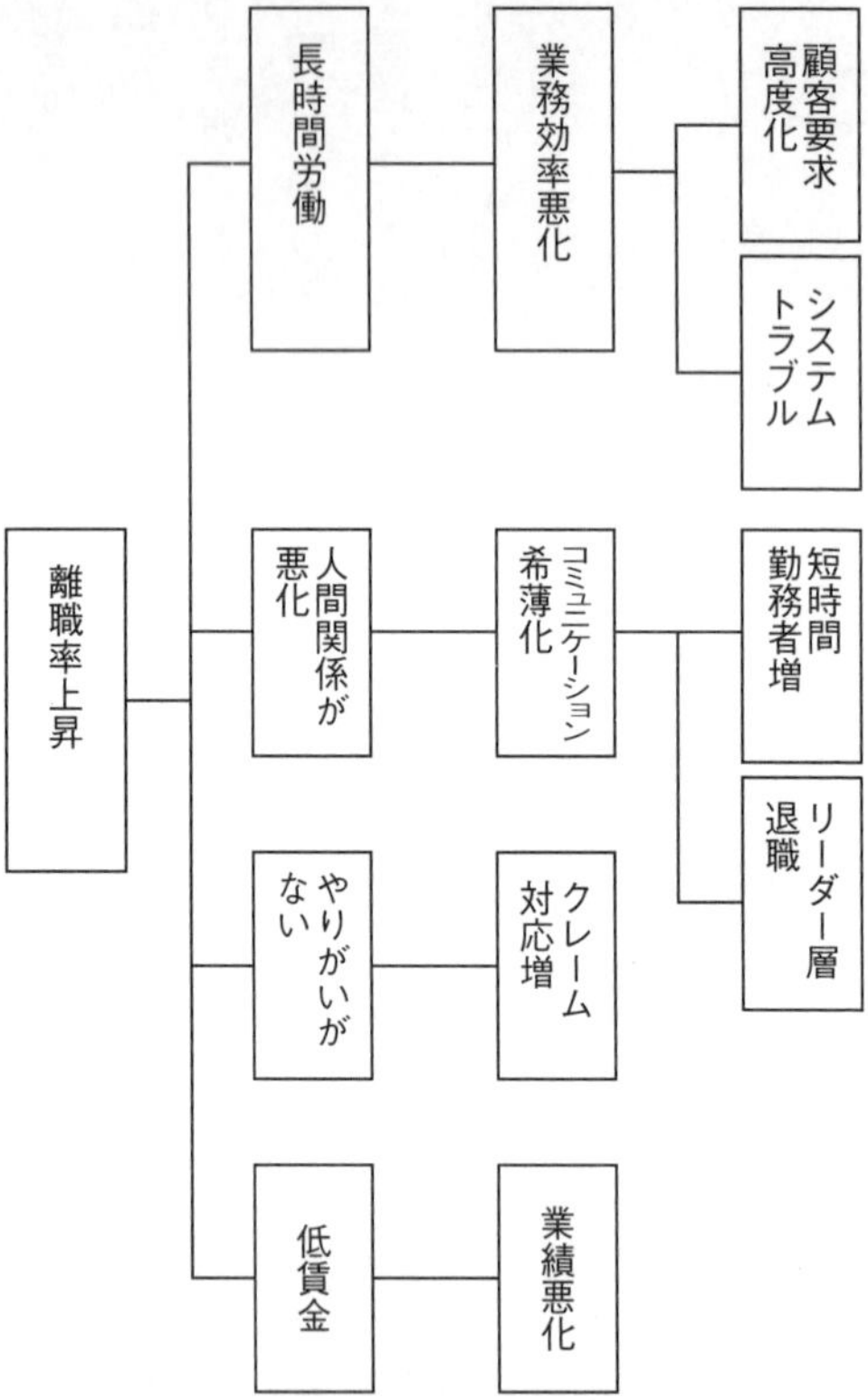

影響を幅広く見る

次に確認するのは、自分や関係者への影響です。対策を打たなかったら、事態がどう推移し、誰にどういう影響が及ぶかを確認します。

「血圧がかなり上がってきた。このまま放置したらどうなるだろう」などと、自分にどういう影響があるかを考えます。あるいは家族や友人に迷惑がかかることについても気にします。

ただ、テーマによっては、それ以外にもいろいろな関係者に影響が及びます。関係者のことを**ステークホルダー（stakeholder）**と言います。自分や家族・友人といった身近な関係者だけでなく、幅広い関係者への影響を確認します。

●河村さんの役職は主任で、来年、係長に昇進できるかどうか微妙な状況です。対応できないと人事考課の評価が下がり、昇進がなくなるかもしれません。↓自分
●今回きちんと対処しないと、離職がさらに増え、採用を増やすなど別の業務が増えそうです。↓自分
●エンジニアの不満が高まると、業務品質が低下し、顧客満足度が下がりそうです。↓顧客
●離職率が下がらないと、就活の学生に評判が悪くなります。↓学生

また、直接の関係者だけでなく、その先の関係者まで考えるようにします。たとえば、「業務品質の低下」↓「顧客満足の低下」↓「N社の売上高減少」↓「株主の価値が減少」という具合です。

影響については、どうしても自分に都合よく楽観的に考えがちです。冷静にいろいろなケースを考える必要があります。とくに、自分にとって最悪のケースを想定するべきです。

前提条件を確認し、疑う

最後に、前提条件を忘れず確認します。

前提条件とは、選択の前提になっている条件のことです（言葉通りですが）。前提とはあることが成り立つための前置きとなる事がら、想定です。

前提条件がない選択もありますが、次のように前提条件が含まれていることもあります。

河村さんは、エンジニアは長時間勤務を非常に嫌がっているという前提で検討を進めています。

また、顧客と約束した納期は変えられないという前提で検討を進めています。

前提条件は、正しいこともあれば、間違っていることもあります。

●N社のエンジニアは、やりがいのある仕事で長時間勤務をそれほど苦にしていないかもしれません。また、残業代を目当てに喜んで残業しているかもしれません。
●「顧客と契約した納期は変えられない」というのはN社の営業担当者が言っていることで、顧客は品質と価格さえ満たしていれば納期にはそれほどこだわっていないかもしれません。

まず、自分がどういう前提を想定しているのか、前提条件を洗い出します。そして、正しいかどうかを確認し、間違っている場合には見直します。

以上、ここまで①内容②背景・経緯③原因④影響⑤前提条件というテーマの状況確認について解説しました。

選択肢を列挙する

状況を確認したら、つづいて選択肢を列挙します。

選択肢が1つしかない、あるいはまったくない（＝解決不能）ということはまれで、たいてい複数の選択肢があります。複雑なテーマだと、選択肢がたくさんあります。

テーマによっては、いくつか選択肢があっても、「これだ！」という選択肢が即座に思い付きます。P76の場合、他にも「会社を休む」「在宅勤務をする」「病院に寄ってから午後出勤する」といった選択肢があるかもしれませんが、ほとんど条件反射的に「我慢して会社に行こう」と選択することでしょう。

しかし、複雑なテーマの場合、いろいろな選択肢があって、どれにしたら良いのか迷います。

河村さんは、「一人当たりの労働時間の短縮」について人事部のメンバーと話し合いました。その結果、以下のようなアイデア（選択肢）が出てきました。

① 若手の採用を増やす

②余裕のある他部門からの応援
③パート・アルバイトの活用
④業務の効率化
⑤受注の制限
⑥業務のアウトソーシング

パッと思い付いた選択肢に飛びついて、実行した後に「もっと良い別の選択肢があったのに」と悔やむようでは困ります。まずは、実行できる・できない、効果が大きい・小さい、好き・嫌いといったことは抜きにして、考えうる選択肢をすべて列挙するようにします。

上の選択肢のうち①②③は、河村さんが人事担当者として実行できるでしょうが、④⑤⑥は河村さんが直接的には実行できません。

ただ、④⑤⑥についても、もしかしたら他部門と協力すれば実行できるかもしれません。この時点ではできる・できないを考えず、選択肢を列挙することに専念するべきです。

MECEを確認する

選択肢には、とくに頭をひねらなくても即座に思い付くものもあれば、「うんうん」とうなってもなかなか思いつかないものもあります。

第1章でも確認した通り、選択では、決定前に思い付いた選択肢の中で最大の期待効果を上回る結果は出ません。選択肢を実行した後になって「もっと良い選択肢があったのに」と後悔しないためには、最終決定の前に主要な選択肢を漏れなく列挙することが大切です。

漏れとダブりがない状態のことをMECEと言います。**MECE**はMutually Exclusively, Collectively Exhaustiveの略で、「ミッシー」と読みます。ダブりはともかく、主要な選択肢が漏れているようではいけません。最終決定に進む前に、MECEかどうかを確認するようにします。

ただ、選択肢を頭の中で思い浮かべるだけでは、MECEかどうかなかなかわかりません。そこで、図のHowツリーのように体系化し、選択肢を〝見える化〟します。

Howツリーは、選択肢を左・目的、右・手段という形でツリー状に図示する技法です。そして、ツリーの縦の関係はMECEであることが大切です。

Howツリーで一番右に並んだ選択肢、「採用」「他部門の応援」「パート・アルバイト」「業務効率化」「受注の制限」「アウトソーシング」が最も具体的な解決策です。この中から、ベストのものを選びます。

なお、解決策を列挙するときだけでなく、原因分析でもMECEを意識することは大切です。P86のWhyツリーを作成する際もMECEになっているかどうか確認します。また、次の第4章で検討する選択基準についても、MECEを意識するようにします。

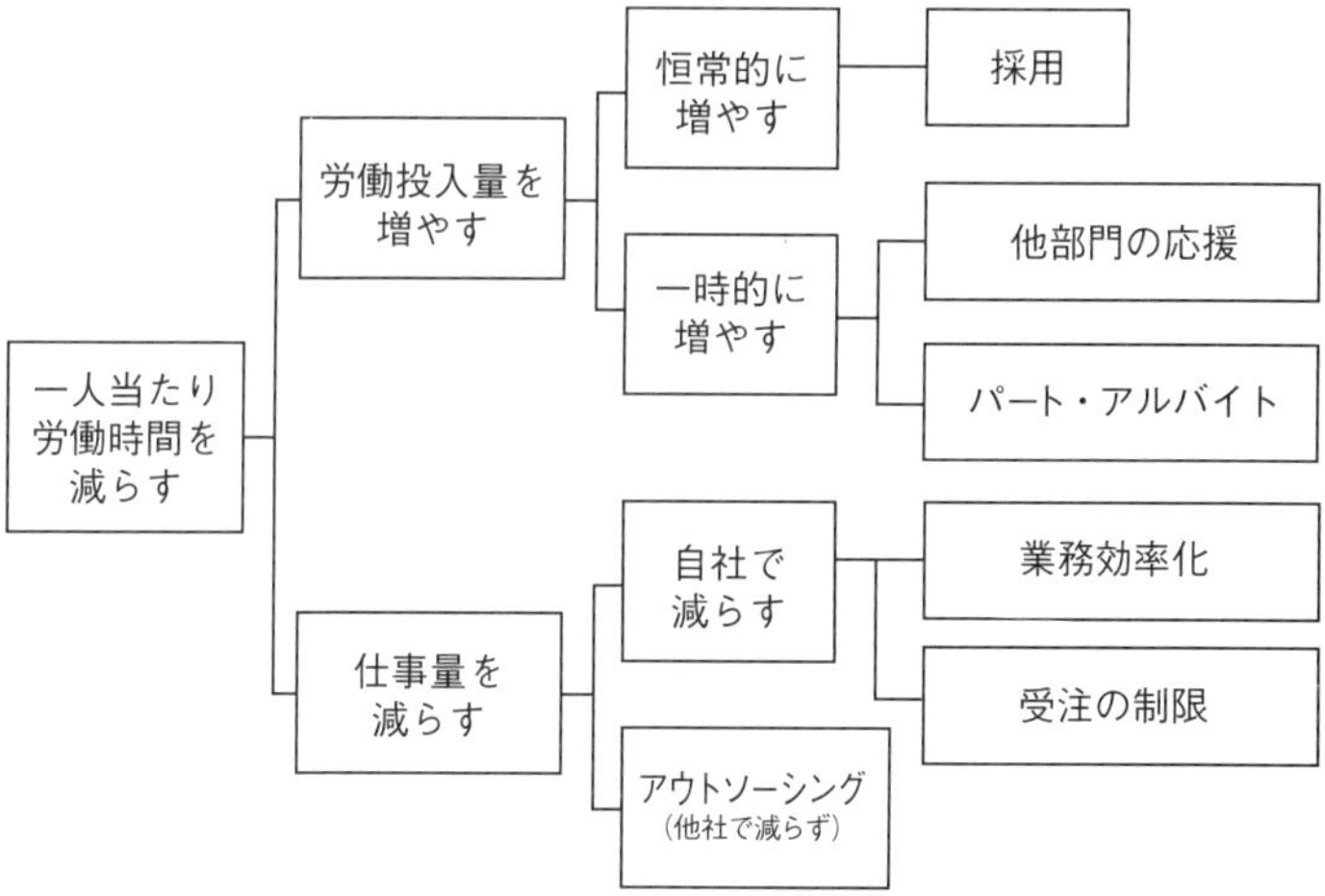

第４章

選択基準を明確にして決定しよう

選択の最後は、決定です。選択基準を明確にしてベストの選択肢を選ばなくてはいけません。この章では、代表的な選択基準と評価方法について検討します。

選択の最後は決定

選択の最後のステップは、ベストの選択肢を決定することです。この章では、選択の最終段階の決定について検討します。

第3章までの検討で、選択肢が「これしかない」という一つにすでに絞られているなら、あとは実行するだけです。決定という作業は必要ありません。

しかし、通常は複数の選択肢があります。複雑な問題だとたくさんの選択肢があります。「帯に短したすきに長し」と言うように、どれにするべきか迷います。

複数の選択肢からベストのものを選ぶには、何らかの選択基準を用いて、選択肢を評価する必要があります。**選択基準**とは、選択者が選択肢を評価する上で重視するメリットあるいはデメリットのことです。

全面的に良い選択肢も、全面的に悪い選択肢もなく、メリットとデメリットがあるのが普通です。メリットが大きい、あるいはデメリットが小さい選択肢を選びます。

半年後に結婚式を控えた折本さんは、披露宴で最高の自分を出席者に見てもらうために、ダイエットを始めることにしました。

雑誌やネットで調べた結果、折本さんが気になっているダイエット法は、①カロリー制限、②血糖値コントロール、③糖質制限、④バナナダイエットです。

どの方法も一長一短あるようですが、一生に一度のイベントなので、この中から最も減量効果（体重の減少量）が大きそうなものを選ぶことにしました。


この場合、折本さんにとってのテーマは「ダイエット」、選択肢は「①カロリー制限」「②血糖値コントロール」「③糖質制限」「④バナナダイエット」です。そして、メリットは「体重が減ること」で、ストレートに「減量効果」を選択基準に各方法を評価しようとしています。

折本さんは、一生に一度の結婚式を控えて、「何が何でも体重を減らしたい」ということで「減量効果」だけに着目しました。ただ、そういう状況でなければ、次のような要素も検討することでしょう。

- ●効果が出るまでの期間
- ●リバウンドの有無

●苦痛
●費用
●副作用の有無

つまり、「減量効果」以外にも選択基準があるということです。選択基準が1つだけということはまれで、たくさんの選択基準から適切なものを選び出すという作業が必要になるのです。

利益が最も代表的な選択基準

まず、最も代表的な選択基準は、金銭的な収益、リターン（return）です。収益を得るためには費用がかかることが多いので、正確には、収益から費用を差し引いたネットの利益の大小です。

一般にビジネスでは、利益の大小、収益性が最も大切な選択基準です。

ドラッグストアチェーンで販売企画を担当している梅田さんは、2月の花粉症商戦に向けて、広告宣伝の見直しを考えています。これまで来店者を中心にチラシを配布してきましたが、マンネリ化し、販売促進の効果が小さくなっています。現在、2月単月で300万円の予算を予定していますが、効果が見込めるなら200万円を上限に予算を追加で使っても良いと販売企画部長は言っています。

現在、梅田さんが考えているのは、A・チラシの見直し、B・ホームページの特別ページ開設、C・ラジオCM、の3つです。BとCはこれまで実施していません。

まず、梅田さんは3つの広告宣伝策にかかる費用を見積もりました。

A・チラシの見直し：150万円

B・特別ページ開設：30万円

C・ラジオCM：180万円

つづいて、社外のコンサルタントにも相談して販売効果を見積りました。A・B・Cの施策を実施した場合の花粉症関連商品の販売増加点数は、以下のとおりです。

A・チラシの見直し：2,500点
B・ホームページ：800点
C・ラジオCM：3,300点

なお、薬やマスクといった花粉症対策品の平均販売価格は1点当たり900円、平均仕入価格は1点当たり500円です。

梅田さんは以上の見積もりを表のようにまとめました。その結果、ラジオCMが最も利益増加の効果が大きいことがわかったので、早速、実施することにしました。

ビジネスは「儲かってナンボ」ですから、利益を上げることが何より大切です。梅田さ

	販売価格①	仕入価格②	販売点数増加③	広告宣伝費④	売上高増加⑤（＝①×③）	費用増加⑥（＝②×③＋④）	利益増加⑤－⑥
A チラシ見直し	900	500	2,500	1,500,000	2,250,000	1,503,000	747,000
B ホームページ	900	500	800	300,000	720,000	301,300	418,700
C ラジオ CM	900	500	3,300	1,800,000	2,970,000	1,803,800	1,166,200

んのように、収入（売上高）と費用を見積もって、ネットの効果が大きいものを選択します。

将来の変化分を考える

ここで注意しなければならないのは、過去・現在、売れているか、費用がかかっているか、利益が出ているかではなく、将来の収益、将来の費用、その差である将来の利益の〝変化分〟を考えるということです。

「A・チラシ見直し」の広告宣伝費150万円というのは、現在の300万円の広告宣伝予算に追加的に支出するものです。合計では450万円になります。

「A・チラシ見直し」の販売点数2，500点というのは、ある数を売っている状態から追加的に増える点数です。

そして、「A・チラシ見直し」の売上高2，250，000円、費用1，503，000円、利益747，000円は、いずれもある売上高・費用・利益があって、そこにチラシを見直すことで追加的に発生するものです。

人は、過去の実績や現在の状況にだけ目を向けがちです。しかし、過去に生み出した収益、これまで支出した費用ではなく、選択（意思決定）によって発生する収益・費用・利益の変化分だけを考慮するべきなのです。

そして、選択によって発生する収益・費用などの変化を漏れなくすべて考慮します。たとえば、広告宣伝を見直した結果、来客数が増え、花粉症関連商品以外の商品がついで買いで売れたなら、収入の増加分を考慮します。来客数が増え、接客対応する社員の残業代が増えたなら、残業代の増加分を考慮します。

機会費用

ところで、利益の大きさを評価するとき、実際に入金された収入、実際に支出した費用だけでなく、機会費用も考慮する必要があります。

機会費用（opportunity cost）とは、ある選択をしたとき、別の選択をしていれば得られたであろう最大の利益のことです。という説明だけでは少しわかりにくいでしょうから、次の例を見てみましょう。

自営でウェブデザイナーをしている吉井さんは、次の日曜日をどう過ごすか迷っています。

吉井さんは、土曜日まで予定がビッシリ埋まっています。最近、仕事が忙しく休日も働くことが多かったので、次の日曜日は休もうと考えていました。

ところが、長女の真奈美ちゃんから「ママ、今度テーマパークに連れて行って」とせがまれていることを思い出しました。家族3人でテーマパークに行くと、交通費・入場料・食事・お土産で5万円くらいかかります。

どちらにしようか迷っているとき、仲間のウェブデザイナーから「来週締め切りの急ぎの仕事がピンチだから少し手伝って」と言われました。6時間かかる仕事で報酬は8万円です。来週月曜日からは別の仕事が立て込んでおり、やるなら日曜日です。

吉井さんは大いに悩みましたが、今月は家計が厳しくテーマパークに5万円を出費するのは痛いので、当初の予定通り、日曜日は休むことに決めました。

ある選択をすることは、別の選択をする機会を放棄することを意味します。この場合吉井さんは、日曜日に「休む」という選択をし、「テーマパーク」「仕事」という選択肢を放棄しました。「テーマパーク」はマイナス5万円の利益（損失）、「仕事」は8万円の利益なので、機会費用、つまり別の選択をしていれば得られたであろう最大の利益は「仕事」の8万円ということになります。ちなみに機会費用という用語は、ある選択をしたことで利益を得る機会を逸したので、これを費用と考えようということから、こういう表現をします。

吉井さんの選択で問題なのは、「今月は家計が厳しくテーマパークに5万円を出費するのは痛い」という部分です。自宅で休めばたしかにお金の支出はありませんが、機会費用8万円を考慮すると、金銭的にメリットがあるのは、「仕事」をするという選択です。

なお、この例は、「利益の大きさを基準に考えれば」という話です。あとで触れる通り、利益以外にも選択基準もありますから、「吉井さんは絶対に仕事をするべき」とは限りません。

リスクとリターンの関係

また、単純な利益の大きさでなく、リスクの大きさと対比して決定する必要があります。

リスク（risk）とはリターンの不確実性・変動性のことを言います。

ハイリスク・ハイリターン、ローリスク・ローリターンと言われるように、リスクが大きい選択肢は、大きなリターンを期待できないと選びません。逆に、リスクが小さい選択肢は、小さなリターンしか期待できなくても選びます。

よく誤解されますが、リスクによってリターンが決まるわけでも、リターンによってリスクが決まるわけでもありません。リスクとリターンの大小で次の４つの組み合わせがあります。カッコ内は、投資する場合の例です。

①**ローリスク・ローリターン**（債券）
②**ローリスク・ハイリターン**（昔の電力ビジネス）
③**ハイリスク・ローリターン**（ギャンブル）
④**ハイリスク・ハイリターン**（株式）

まず、以前の電力ビジネスは、法規制に守られて絶対に利益が出るような価格設定が認められ、ローリスク・ハイリターンでした（②）。しかし、こういう美味しいビジネスはそうそう道端に転がっていません。

一方、パチンコ・競馬といったギャンブルは、リスクが大きく、平均的なリターンはマイナスなので、ハイリスク・ローリターンです（③）。合理的に考える人、とくにビジネスでは、平均的に負けると分かっているギャンブルをすることはありません。

つまり、4通りの組み合わせはあるものの、ローリスク・ハイリターンの選択肢（いわゆる「うまい話」）はほとんど存在しませんし、普通ハイリスク・ローリターンの選択肢を選びません。②と③はほとんど残されていないのです。

残されたのは①と④の2つで、この2つからどちらを選ぶのか。リターンは小さくても確実にリターンを得たいというがローリスク・ローリターン（①）、確実性が低くても大きなリターンを狙うのがハイリスク・ハイリターン（④）です。

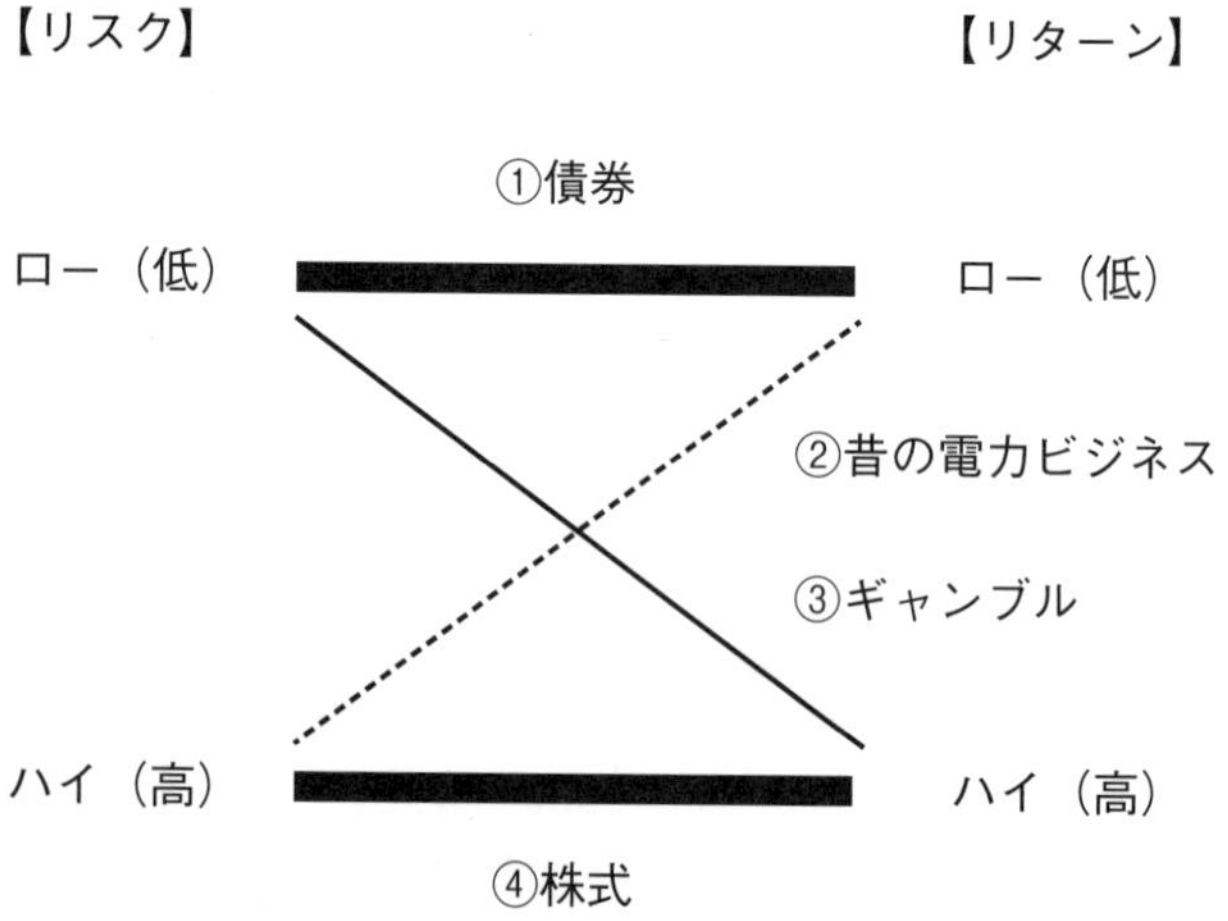

選択肢を収益性で評価するとき、単純な利益の大きさではなくリスクの大きさも評価し、①②③④のどれに該当するかを確認する必要があります。

収益性以外にもさまざまな選択基準

収益性が最も重要な選択基準ですが、利益・収益性以外にもいろいろな選択基準があります。

ビジネスでは、収益性とともに、成長性や安定性が選択基準になります。

成長性とは、売上・利益・企業規模などがどれだけ拡大するか、ということです。

安定性とは、簡単に言うと倒産しにくい状態になることです。

以上の収益性・成長性・安定性は会社の立場に立った選択基準ですが、その前提として顧客が満足し、喜んで受け入れられる事業であることが大切です。また、よく日本企業では、従業員の満足度や働きやすさも考慮されます。

さらに近年は、企業の社会への影響が大きくなるにつれて、**社会性**が重要になっています。利益が出れば何をしても良いというわけでなく、地域社会の発展に貢献するかどうか、地球環境を悪化させないか、資源・エネルギーを無駄遣いしていないか、といった点を考慮する必要があります。

ビジネスの選択では、収益性を基本としながら、成長性・安全性・社会性などを選択基準として勘案します。

事務機器販売会社のC社の経営幹部は、地方のある営業所を廃止するかどうか迷っています。

その営業所では、商圏の人口・企業が減り、売上高は5年前から減少が続いています。営業担当者やサービススタッフなど40名の人件費や事務所賃借料の負担が重く、近い将来赤字転落が予想されています。

事務所を閉鎖し、県庁所在地にある支店に事業を移管すれば、賃借料など固定費が大幅に減少し、会社の収益性は改善します。

ただ、県庁所在地の支店から営業担当者やサービススタッフが顧客に向かうのは便が悪く、顧客満足度が低下することが懸念されます。コストダウンの分を値下げに回せば、逆に顧客満足度がアップするかもしれません。

従業員も、支店に転勤になったら通勤に2時間かかる者が複数おり、転勤することに難色を示しています。転勤先で慣れない業務を新たに担当することを含めて、従業員満足度は低下しそうです。

また、その営業所がある自治体の担当者は、事務所閉鎖の噂を聞き付けて、「営業所が閉鎖になると、雇用が減り、地域がますます寂れてしまいます。何とか考え直してくれませんか」と要望してきています。

C社の経営幹部は、最初、収益性が気になっていましたが、検討を進めるうちに、顧客満足、従業員満足、地域との関係なども考慮するべきであることがわかりました。


一方、ビジネスを離れた家庭やプライベートでは、収益性以外の選択基準がよりクローズアップされます。満足度・幸福感・苦痛・失望といった感情的な要因、人間関係などの要因です。


現在29歳で独身の斉田さんは、30歳までに結婚したいと考え、結婚相談所に登録しました。登録後、早速カウンセラーとの面談を受けました。

自己紹介などの後、カウンセラーから「お相手の方に求める条件はありますか?」と訊かれて、斉田さんは、正直に答えました。

「父親が商売をしていて、なかなかうまく行かず、幼い頃お金でずいぶん苦労しました。現在、私はショップの店員をしていますが、収入が少ないので、高収入は絶対に譲れない条件です。最低でも年収1,000万円の方をお願いしたいです」

すると、カウンセラーは、「譲れない条件を明確に持っているのは結構ですが、他に希望する条件はありますか。他の条件と比べてどこまで高収入が重要なのか、少し考えてみましょう」と言いました。

斉田さんは、カウンセラーのいろいろな質問に答えながら、あれこれと考えました。すると、高収入以外にもいろいろなことが気になってきました。

- 温和な性格かどうか
- 転勤が少ない職業かどうか
- 子供が好きかどうか
- 趣味や笑いのセンスが合うかどうか

金額表示された利益（売上高・コスト）は、選択基準として真っ先に思い浮かべます。単純明快でわかりやすいので、他人との会話でも話題に上ります。しかし、実際にはC社や斉田さんのように、他にも重要な選択基準があることが普通です。

選択基準を列挙し、どれを使うか決め、評価する

パッと思い付いた選択肢に飛びつくという過ちを避けるには、選択肢を列挙することが大切だと説明しました（P29、90参照）。同じように、選択基準もいろいろとあるので、まずは決め打ちせず代表的なものを列挙するべきです。

たとえばダイエットでは、まず関心あるのはそもそもの目的である「減量効果」です。しかし、それ以外にも「効果が出るまでの期間」「リバウンドの有無」「苦痛」「費用」「副作用の有無」などの選択基準があります。

いろいろな選択基準を列挙するには、自分以外の第三者の立場から考えると良いでしょう。もちろん、選択は最終的には自分のメリットのために行うのですが、第三者の立場から見ることで、自分の選択基準が客観的に見て妥当なのかを判断することができます。

列挙したら、どの選択基準を使って選択するのかを決めます。そして、選んだ選択基準を使って選択肢を評価し、最終決定します。

C社では、営業所の閉鎖・移転について、以下のような選択基準を列挙しました。

●収益性
●成長性
●顧客満足度
●従業員満足度
●地域・自治体との関係

そして経営幹部は、やはり収益性が最も大切な選択基準であると判断し、事務所を移転した場合の収益性の変化を試算しました。

営業所を移転した場合、賃借料など諸経費が月200万円減少します。一方、顧客サービスの悪化で、売上高が月140万円減少すると見込まれます。差し引きで月60万円収益が改善することから、経営幹部は営業所の閉鎖・移転を決めました。

経費減少200万円－売上高減少140万円＝＋60万円

ここで言う収益とは、この営業所がどれだけ利益を出しているかではなく、今回の意思決定による収益の〝変化分〟です。

仮に営業所が赤字でも、閉鎖・移転によって収益が改善する（赤字が減る）なら、閉鎖・移転します。逆に、閉鎖・移転によって収益が悪化するなら、閉鎖・移転しません。

なお、選択基準は、最重要なもの一つに決めるのが基本ですが、複雑な選択テーマでは、たくさんの選択基準があり、どれか1つに決め切れないということがよくあります。そういう場合は、どれを重視するかという重み付けをし、総合評価をします。

図のようにマトリクスで表記すると、わかりやすいでしょう。ここでは、選択基準の重要性を大・中・小に分けて、以下のように点数化しています。

大：○＝6点、△＝3点、×＝0点
中：○＝4点、△＝2点、×＝0点
小：○＝2点、△＝1点、×＝0点

この総合的な評価では、収益性だけを用いた

	重要性	閉鎖・移転する		閉鎖・移転しない	
		評価	評点	評価	評点
収益性	大	○	6	×	0
成長性	中	×	0	△	2
顧客満足度	大	×	0	○	6
従業員満足度	中	△	2	○	4
地域・自治体との関係	小	×	0	○	2
＜合　計＞			8		**14**

先ほどの評価と違って、閉鎖・移転をしないという判断になりました。このように、選択基準の取り方次第で、結論が違ってくることがよくあります。

デシジョンツリーを活用する

選択の構造がわかりにくい場合、デシジョンツリーを作って選択肢を評価します。**デシジョンツリー**は、起こりうる選択のシナリオとその結果（ペイオフ）を列挙し、それらをツリー状に記述するものです。これらのシナリオと結果に対して、起こりうる確率を設定し、期待値を比較して決定します。

複数の選択が段階的に必要であったり、選択したことの実行に不確実性がある場合、デシジョンツリーを使って選択肢を体系化し、評価するのが有効です。

フリーターの松下さんは、次の土曜日にどのアルバイトをするか迷っています。現在候補として考えている次の3つで、今日中にどれか一つ申し込む必要があります。

A・予備校の模擬試験の監督：天候などに関係なく1日8，500円。

B・デパ地下のアイスクリーム売り場での販売：当日朝の時点で雨なら午後だけ仕事があり4，000円、晴れたら午前から夕方まで仕事があり、11，000円。

C・海の家の運営：晴れたら仕事があり1日12，000円、正午の気温が33度を超えたら、暑気手当2，500円を追加で支給。雨なら仕事はなし（0円）。

なお、現在のところ天気予報では、土曜日の降水確率は30％、気温が33度を超える確率は40％です。


この状況で、松下さんは図のようなデシジョンツリーを作りました。なお、選択する主体がコントロールできる変数を意思決定ノードと言い、慣習的に□で表示します。この場合、A・B・Cの選択が意思決定ノードです。選択する主体がコントロールできず、他者・自然・偶然に支配される変数のことを確率ノードと言い、○で表します。この場合、天候・気温が確率ノードです。

各ケースのペイオフと確率から、それぞれの選択の期待値を次のように計算します。

A：8，500円そのまま
B：11，000円×晴れ70%
＋4，000円×雨30%
＝8，900円
C：14，500円×晴れ70%
×33度超40%＋12，000円
×晴れ70%×33度以下60%＋0円
×雨30%＝9，100円

計算結果から、松下さんは、収入の期待値が9，100円で一番大きい「C・海の家の運営」を選び、早速申し込みました。

ただ、この計算結果をもって松下さんが「絶対に海の家を選択するべき」とは限りません。たとえば、松下さんが金欠で、日曜日に収入がゼロに

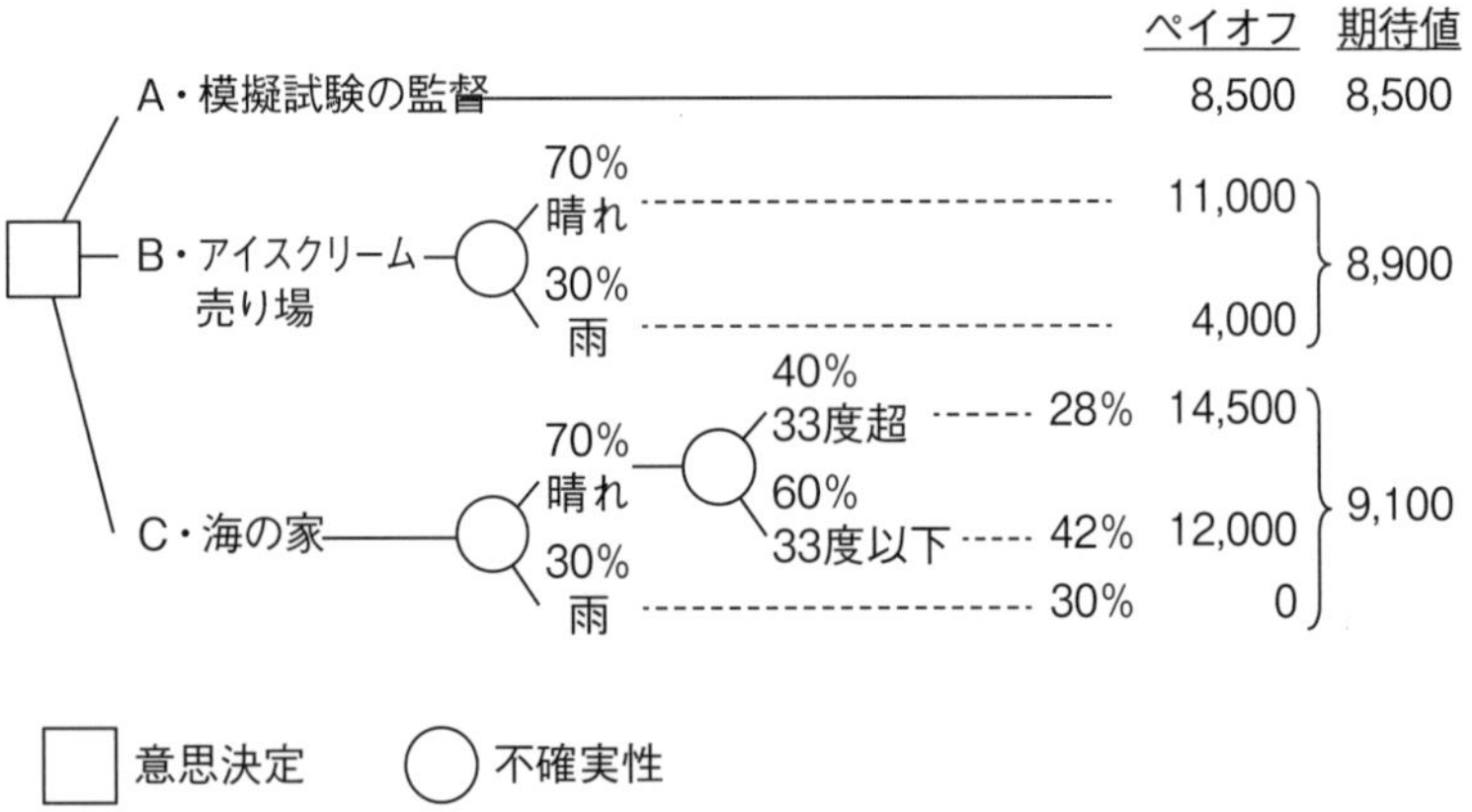

なってしまうのは絶対に避けなければならないとすれば、雨なら収入がない海の家は選択肢から外れ、次に期待値が大きい「アイスクリーム売り場」を選択します。

制約条件を確認する

ところで、選択肢を評価する際、制約条件を考慮する必要があります。

制約条件とは、選択を制約する条件です（言葉通りですが）。制約とは、品質・予算・タイムリミットなど守るべきことです。

クレジットカード会社M社では、カード入会申込書を処理するスピードが同業他社と比べて遅く、顧客満足度が低くなっています。そして、入会の可否を審査する契約審査のプロセスが非効率であることがわかりました。

契約審査係でチーフをしている野畑さんは、業務全般を所管する城島専務からの命令で、契約審査プロセスの改善に取り組むことになりました。

野畑さんの今回の検討について、城島専務からは「業務処理に投入する人数・コス

ト を増やさない範囲で改善策を考えるように」と指示されています。

野畑さんが改善策を選択するにあたり、城島専務から指示された「業務処理に投入する人数・コストを増やさない」という条件を守る必要があります。守るべきことなので、これは制約条件です。

先ほどのフリーター・松下さんの場合、もし「収入がゼロになる可能性のある選択肢は除外する」というなら、これは制約条件になります。

なお、制約条件と似た用語にP88で紹介した前提条件があります。前提条件は想定なので正しいかどうかわかりませんが、制約条件は選択において基本的に正しいものとして守らなければなりません（理不尽な制約条件なら見直しを求めますが）。最終決定する前に、制約条件を守っているかどうか確認します。

優先順位を明らかにする

複数の選択肢を評価して最終決定するとき、答えをいくつ選ぶのか、という問題があります。

基本は、選択基準を明確にしてベストのものを1つだけ選ぶようにします。複数の答えがあると、実行段階でどうしたら良いのかわからなくなってしまうからです。

ただし、複数の有力な選択基準が残って、1つに決めきれないということがあります。

警備保障会社で教育担当をしている星さんは、社内で実施する法務知識研修の講師を誰に依頼するべきか迷っています。現在、3人の候補者がいます。

Mさんはベテランの弁護士です。刑法の分野では名声があり、訴訟の経験も豊富です。研修講師の経験はほとんどないようですが、現場感覚のあるハイレベルな講義内容を期待できます。

Kさんは、教育団体に所属するプロの研修講師です。弁護士資格はありませんが、受講者の理解度に合わせてわかりやすく教えるスキルには定評があります。

Yさんは、当社の法務課に所属する中堅社員です。弁護士資格はありませんが、当社の事業や法務案件のこと、そして社員のことを熟知しており、当社のニーズに合った研修を期待できます。3人の中では最も費用がかかりません。

星さんは、「専門性」「受講者の理解度」「当社へのカスタマイズ」「価格」といった選択基準が気になり、誰とは決められない状態に陥っています。

こういう場合、選択テーマのそもそもの目的に照らして、どの選択基準が最もふさわしいのかを考えるようにします。

星さんは、そもそも研修を開催する目的を確認します。

●社員がすでに法務の基礎知識を備えており、「高度な法務知識を身に付けること」が目的　↓Mさん

●社員に法務の基礎知識がなく、「まず法務の基本を初歩から習得すること」が目的　↓Kさん

●社員に法務の基本知識とある程度の応用力があり、「職場でよく起こる法務問題について対策を検討すること」が目的　↓Yさん

1つの選択基準に絞れないという場合でも、最低限、優先順位を付けるようにします。優先順位には、どちらを先に実施するのかという時間的な順位とどちらを重点的に実施するのかという重要性の順位があります。

また、ベストの答えが決まったとしても、選択肢の成否が相手に依存する場合、「ダメだったら次にどうする」という次善策を考えておく必要があります。

たとえば、星さんの講師選びでは、スケジュールが合わない、内容的に引き受けられない、報酬金額で折り合わない、といった理由で依頼を断られてしまう可能性があります。「Mさんがダメなら次にKさん、Kさんもダメなら最後はYさん」という具合に順序を決めておきます。

葛藤を克服する

選択基準そして選択肢を一つに絞り込めないのは、個人の心の中に葛藤があるからです。**葛藤**とは、心の中に相反する欲求が同時に起こり、そのどちらを選ぶか迷う状態のことです。

心理学者クルト・レヴィンによると、葛藤には次の4種類があります。転職活動を例にとって紹介します。

①接近ー接近型

2つ以上の欲求の対象がともに正の誘発性（ある対象が人を引き付けたり遠ざけたりする性質）を持ち、同時にかなえられない状態

自分にとって条件的に良い2社から内定をもらった。

②回避ー回避型

2つ以上の欲求の対象がともに負の誘発性を持ち、どれも避けたいがそれができない状態

入社試験で不合格になるのはいやだが、今さら試験のために勉強をするのも面倒だ。

③接近ー回避型

欲求の対象が同時に正と負の誘発性を持っている状態

A社では、やりがいのある仕事を任せてもらえそうだけど、職場の人間関係はひどい状態らしい。

④二重接近 ― 回避型

2つ以上の欲求の対象が、どちらも正と負の誘発性を持っているような状態

転職先の候補が2社上がってきた。X社は給料は高いが、残業・休日出勤が多い。一方、Y社は給料は安いが、残業・休日出勤が少なく、自由な時間を持てる。

葛藤に直面したら、まずその構造と状況を確認します。そして、そもそも自分が大切にしているのは何なのかを考え、決定します。

たとえば④では、まず二重接近 - 回避型の葛藤であることを確認します。そして、給料と残業・休日出勤のどちらが自分にとって大切なのかを考え、X社とY社を評価し、決定します。

それでも決められない場合、想定した選択肢以外の第三の道を模索します。この状況では、次のような第三の道を考えられます。

- 少し時間を置いて、給料が高く、残業・休日出勤が少ない別の会社を探す。
- 現在の勤務先で給料を上げ、残業・休日出勤を減らす方法を考える。

●「給料」「残業・休日出勤」以外の条件、たとえば「仕事のやりがい」で優れた別の会社を探す。

葛藤に直面すると、追い詰められた気持ちになり、視野が狭くなります。一呼吸置いて、構造・状況を冷静に見る、第三の道を探す、ということを心掛けるようにしましょう。

多数決は混乱を招きやすい

ここまで、自分一人で選択することを想定して説明してきました。しかし、職場でも家庭でも学校でも、他者と共同で選択することがよくあります

他者と共同であることを決めるというと、国会のような**多数決**を思い浮かべるかもしれません。多数決は、短時間で明快に決められるという点で、優れています。

しかし、多数決では、どうしても決定事項に納得できない人が出てきます。そして、納得できない人が選択肢を実行する段階で決定事項に反対したり、反対しないまでも非協力的になったりします。

関西のある大型マンションでは、築20年を迎え老朽化が著しいことから、大規模修繕をすることになりました。

住民の最高決定機関である理事会は、まず5名のメンバーからなる修繕委員会を設置しました。修繕委員会は、建設業者の協力を得て半年かけて修繕計画案を検討しました。そして、これまで積み立ててきた修繕積立金の残高の範囲でできる比較的小規模な修繕計画案を立案し、理事会に答申しました。

理事会はこの答申を受けて、臨時住民総会を開催し、修繕計画案を諮りました。総会に参加した住民からは、いくつか反対意見が出ました。

「そんなちゃちな修繕では、10年も経てばまた追加工事が必要になるのでは。せっかくやるなら、積立金の範囲内と言わず、金を掛けて抜本的にやるべきではないか」

「世間では築25年以上経っても問題ないマンションが多いと聞く。修繕するにしても5年から10年後で良いのではないか」

2時間に及ぶ議論の末、最終的に多数決で、修繕委員会が作った案がそのまま承認されました。

ところが、修繕工事が始まると、臨時住民総会で反対意見を述べた住民を中心に、批判の声が噴出しました。

「工事業者の選定が不透明だ。修繕委員会にアドバイスをしていたH建設をそのまま選定したのは癒着ではないか」

「建設作業員の人件費や資材価格が高騰しているこの時期に慌ててやる必要があるのか。決まったからといって何が何でも工事を進めるのは、強権的だ」

結局、こうした一部の住民の反対によって工期が大幅に延長になり、総工費が予算オーバーしてしまいました。また、このマンションでは住民同士が良好な人間関係でしたが、この修繕をきっかけに他のことでも住民同士の対立が目立つようになりました。

この例のように、多数決による選択は、その後の混乱を招きやすいという問題があります。決定の場面で参加者全員に納得してもらえるよう、反対意見にも耳を傾け、じっくり議論してから多数決をするようにします。

そもそも、できるだけ多数決しないよう努めます。人数が多い場合は多数決も致し方ありませんが、職場や家庭といった数的に限られた相手と共同で選択する場合、関係者全員の合意を得るのが基本です。**合意**とは、複数の関係者の間で意思が一致することです。

合意で難しいのは選択基準

1人で選択する場合も多数で合意形成する場合も、テーマを取り上げ、状況を分析し、選択肢を列挙し、評価・決定する、というプロセス自体は変わりません。それぞれの段階でどこまで考えを一致させるか、という違いです。

ただ、最後の決定の部分は、1人か多数で合意形成するかによって、難易度が大きく違ってきます。

合意形成が最も難しいのは、選択基準です。状況分析などその前の段階でも、各人の見方の違いによって認識の相違が生まれることはあります。先ほどのマンションの修繕のような専門的なテーマでは、知識・情報の有無で見解の相違が生まれます。しかし、たいていのテーマでは、同じ家族、同じ職場のメンバー、同じ学校の仲間で極端に状況の認識が食い違うということはありません。

それに対し選択基準では、たくさんある選択基準のうち何を重視するかで、よく意見が対立します。選択基準は価値観、つまり大切にしていることの反映で、人によって大切にしていることが異なるからです。

石橋さん一家は、小学校5年生の一人娘・奈々子ちゃんの進学のことで悩んでいます。

妻の知世さんは、奈々子ちゃんに私立中学を受験し、S女子中学に入ってほしいと考えています。S女子中学はお嬢様学校として有名で、中学に入学すればエスカレーター式でS女子高校・S女子大に進学することができます。奈々子ちゃんが中学受験で少し頑張れば、高校・大学と苦労せず、のびのびと成長できると考えます。

一方、夫の正雄さんは、奈々子ちゃんの中学受験に反対です。正雄さんが勤める電機メーカーはこのところ業績が低迷し、給料・ボーナスが頭打ちになっており、私立中学・高校・大学の高い学費を払い続ける自信がありません。

肝心の奈々子ちゃんは、態度を決めかねています。幼少の頃から仲の良い香織ちゃんもS女子中学を受験しようか、地元の公立中学にしようか迷っているらしく、「香織ちゃんがS女子中学に行くなら私も行く、公立中学に行くなら私も公立にする」と話しています。

このところ、石橋さん一家では何度かこの問題について話し合っていますが、まったく合意に向けた進展がありません。

正雄さん「いまどきお嬢様学校を喜ぶ男なんていないぜ、ちょっと古すぎだろ」
奈々子ちゃん「お給料もう増えませんって、なんだかパパだらしない」
知世さん「香織ちゃんが死ぬと言ったらナナちゃんも一緒に死ぬわけ？　主体性なさすぎでしょ」
などと相手の考え方を非難するだけで、堂々巡りが続いています。

ここで、知世さんは「学校生活の自由度」「学校のステータス」、正雄さんは「学費の負担」、奈々子ちゃんは「親友との関係」と、それぞれ異なる選択基準を重視しています。

複数の選択基準があっても、共通する一つの物差し、たとえば「金銭的な価値」あるいは「満足度」に統合することができれば、評価・決定できます。知世さんの「学校生活の自由度」と奈々子ちゃんの「親友との関係」は、「学校の楽しさ」という広い括りで統合できるかもしれません。

しかし、3つの異なる選択基準が対立し、3人が対等な立場で意見を言っている限り、議論は平行線をたどり続けることでしょう。

リーダーシップが決め手

ここで大切なのは、合意形成を取り仕切るリーダーの役割です。メンバーが異なる選択基準を支持して対立する場合、誰かがリーダーになって、どの選択基準を用いて選択するのかを決める必要があります。**リーダー**とは、他者を導く(lead)役割を担う人のことです。石橋さん一家の進学問題の場合、たとえば、知世さんがリーダー役を買って出たらどうなるでしょう。

「正雄さんは仕事が忙しくてナナちゃんとのコミュニケーションが不足し、彼女のことをよくわかっていません。ナナちゃんはまだ小さいから、自分で判断することはできません。ここは、ナナちゃんのことを最もよく知る私が中心になって決めることにしましょう」

この知世さんの提案に正雄さんと奈々子ちゃんが同意し、知世さんが3人の中でリーダーになったら、一気に決定へと向かいます。一方、正雄さんと奈々子ちゃんが「ちょっとママには任せられない」と提案に反対したら、リーダー不在で平行線が続きます。

では、知世さんが正雄さんと奈々子ちゃんからリーダーとして認められるのは、どういう場合でしょうか。

一つは、選択テーマに関する知識・情報を持っている場合です。知識・情報が他の人よりも勝っていると、リーダーとして信任を得られます。知世さんは、「奈々子ちゃんのことを最もよく知る」と主張していますが、それに加えて、中学受験のこと、学校教育のこと、学校を出た後の就職事情などを知っているかどうかが問題になります。

ただ、それよりも重要なのは、これまでの選択の場面での言動です。知世さんが日ごろから困難な状況を冷静かつ客観的に捉え、自分の意見を抑えて相手の意見を取り入れようと努めていれば、いざというときリーダーとして認められます。逆に、冷静さを失い、感情的に自分の意見を振りかざすような態度を取っていると、リーダーとして認めてもらえません。

リーダーシップというと、「俺が、俺が」と相手を押しのけ、自分の意見を強力に主張する姿を思い浮かべるかもしれません。それもリーダーシップの一つのスタイルではありますが、合意形成ということを考えると、相手の意見を幅広く取り入れるようなリーダーシップが有効なのです。

第５章

選択の間違いを避けるには？

人は、「どうしてこんな選択をしてしまったんだろう」という非合理的な選択をしてしまうことがあります。この章では、非合理な選択をしてしまう代表的なケースと対策を検討します。

選択の非合理的な側面

的確な選択をするための基本事項は第４章までに紹介しました。第４章までで強調したのは、ＫＫＤ（勘・経験・度胸）に頼らず、ロジカルに考えて選択することでした。

ただ、実際には合理的に選択をしているつもりでも、「どうしてあんな選択をしたんだろう？」と後悔することがよくあります。

人間は感情の動物です。冷静に選択しているつもりでも、感情の起伏や心理状態の変化で、思いもよらぬ選択をしてしまうことがあります。


兼業主婦の山口さんの好きな言葉は「質素倹約」。将来の自宅購入と子供の進学に備えて、無駄な買い物をせず、毎月給料の３割を貯金しています。スーパーでの買い物は夕方に出かけて見切り品を買うようにしているくらい徹底しています。

ところが先日、山口さんは、勤めている法律事務所から20万円の臨時ボーナスを受け取りました。予想外の収入に気を良くした山口さんは、さっそくいつもは行かない高級スーパーへ行き、今まで買ったことのない高級和牛を定価で買いました。

山口さんが「質素倹約」を大切だと思うなら、収入源に関係なく徹底するべきです。しかし、普段は通常の収入を倹約して使うのに、臨時ボーナスが入って気分が高揚し、非合理的な選択をしてしまいました。

わたしたちは、合理的ではない行動をすることがよくあります。「失恋してヤケ食いしてしまった」というように、明らかに非合理的な行動もありますが、よく問題になるのは、合理的に考えて行動しているつもりなのに、偏った考えに基づいて行動してしまうことです。偏った考えのことを**バイアス**（bias）と言います。

選択の非合理性について研究する学問が行動経済学で、近年注目を集めています。行動経済学によると、人間の選択は、完全に合理的でもまったく非合理的でもなく、ある状況の中で限定合理的だとされます。

この章では、選択を間違えてしまう代表的なシーンを取り上げ、行動経済学などの研究成果も交えて対策を考えていきます。

サンクコスト＝もったいない

選択でよく犯してしまう誤りにサンクコストがあります。

すでに支出が決定しており、回収不可能な費用のことを会計学では**サンクコスト**（sunk cost、埋没原価）と言います。選択においてサンクコストを考慮してはいけません。

磯谷さんは半導体メーカーの会計部門に勤めています。税理士資格に興味を持ち、大学4年の頃から受験勉強を始めました。すでに4年間勉強し、予備校授業料・教材費・受験料などに計200万円を使っています。

試験合格に必要な5科目のうち、ここまで3科目に合格し、あと2科目です。ただ、勉強開始1年目に2科目、2年目に1科目目に合格しましたが、昨年は合格科目がなく、完全に壁に突き当たっています。

磯谷さんはこのまま学習を続けるべきかどうか大いに迷いました。しかし、ここまで200万円を使って、プライベートをかなり犠牲にして勉強に励んできました。今さら諦めるのは抵抗があります。3科目合格しており、「もったいない」と思い、「もう1年だけ勉強を続けよう」と決意しました。

■ 増分収益　＞　増分費用　➡　実施する

■ 増分収益　＜　増分費用　➡　実施しない

さて、この磯谷さんの選択は合理的でしょうか。

ここまでの学習でかかった費用200万円は、すでに支出し、戻ってこないのでサンクコストです。選択において考慮してはならず、サンクコストに着目した磯谷さんの選択は非合理的です。

逆に、考慮するべきなのは、今後に関する次の2点です。

① あといくら費用をかければ合格できるか。

② 合格すればどれだけ収益が得られるか（給料の増加など）

「勉強を続ける」という選択によって追加的に発生する費用（①、増分費用）と追加的に発生するメリット（②、増分収益）を比較し、①＞②なら勉強を止めます。①＜②なら勉強を続けます。

わたしたちは、「ここまで力を合わせてがんばってきたのに、今さらプロジェクトを中止するわけにいかない」「ここまで猛烈にアタックしてきた彼女を今さら諦めきれない」などと、サンクコストに着目して選択しがちです。しかし、選択において〝もったいない〟の発想は禁物です。

「サンクコストを忘れろ」は、あらゆる選択に当てはまる、重要な原則なのです。

生存バイアス＝勝者は素晴らしい

選択肢を評価するとき、目の前にある選択肢を中心に考えます。しかし、目の前の選択肢は特殊で、テーマ全体を代表していないということがよくあります。

その典型が**生存（者）バイアス**です。競争に勝ち残った生存者は存在するのでデータがありますが、競争に敗れて生存できなかった者はデータが残っていません。勝ち残った生存者のデータだけを分析すると、全体の実態とは違う偏った分析結果になってしまうということです。

小林さんは、投資信託で資産運用することを考えています。どこの証券会社で投資信託を購入しようかと5社のホームページを調べたところ、「業界最高の運用実績！」と謳うJ社のことが気になりました。

早速にJ社に相談すると、営業担当者が「現在わが社が提供している投資信託5本の過去5年間の平均利回りは、年30％です。同じ期間の日経平均の上昇率10％をはるかに上回っています！」と運用成績をアピールします。

すっかりJ社のことを気に入った小林さんは、5本の中で最も実績の良いものを早速申し込みました。

J社の「利回り30％」は嘘ではないとしても、この5本がJ社のすべてでしょうか。運用成績が振るわず、下図のようにすでに解散になった投資信託が他にもたくさんあるのではないでしょうか。

J社の投資信託

No.1	▲20%	（廃止）
No.3	±0%	（廃止）
No.5	▲10%	（廃止）
No.6	▲30%	（廃止）
No.7	▲10%	（廃止）

現　存

No.2	50%
No.4	30%
No.8	20%
No.9	40%
No.10	10%

生存者の5本だけでなく、解散になったものを含めて全体を分析しないとJ社の運用の実力はわからないということになります。

こうした生存バイアスの例はたくさんあります。

- 「わが社の従業員の平均年収は2,000万円です」といっても、この会社は仕事が非常に厳しく、退職者が多く、勝ち残った従業員の収入が高いだけかもしれません。
- 「このダイエット法を3カ月続ければ、平均15キロ痩せることができます」といっても、このダイエット法は非常に過酷で、試した人の大半が途中であきらめ、3カ月耐え抜いたのはごく一握りかもしれません。

目の前にある選択肢が生存バイアスに陥っていないかどうかを冷静に見極める必要があります。

ただ、生存バイアスがあることには気づいても、敗者はもう存在しないので、存在しないものを含めて全体を評価するのは困難です。生存バイアスがある場合、全体がわからないのは大きなリスクなので、保守的に選択するべきということになります。

現状維持バイアス＝とりあえず今までどおりで

本当は選択するべきなのに、選択を回避してしまうことがあります。選択を回避して、現状維持しようという心理的傾向のことを**現状維持バイアス**と言います。

中山さんは、13年前に結婚し、結婚の翌年から東京近郊のM地区の低層マンションに住んでいます。当時M地区は、駅前の再開発が進んでおらず、のんびりした住環境でした。

ところが10年前から、再開発が始まり、タワーマンションと大型商業施設の建設ラッシュが起こりました。そして、中山さんの住環境が一変しました。タワーマンションのおかげでビル風が強くなりました。中山さんの自宅は昼間ほとんど日陰になってしまいました。人口増加で、朝、駅の改札に入るのに長蛇の行列ができるようになりました。

3年前、中山さんは引っ越しするべきか、家族に相談しました。奥様は、住環境の悪化については同意したものの、引っ越しで近くにある実家から遠ざかることに難色を示しました。2人の子供は近所の小学校・中学校に通っていて、転校を望んでいません。
中山さん自身も、引っ越すと通勤時間が長くなってしまうこともあり、結局話し合った結果、「もうしばらく様子を見よう」という結論になりました。
その後、中山家ではたびたび引っ越しが話題になりますが、そのたびに「様子を見よう」ということで落ち着いています。

中山さんは、引っ越しにはメリットとデメリットがあるのに、デメリットにより着目し、現状維持という選択をしています。

選択には、なんらかのリスクを伴います。リスクとは、結果の不確実性を意味します。一般に人間には、リスクを回避したいという心理があります。リスクを取って選択し、それが当たって利益を得る場合もあれば、外れて損失を被る場合もあります。ところが、同じ額の利益と損失を同じに評価するのではなく、損失の方を大き目に評価します。これを**損失回避バイアス**と言います。

そして「損失を避けたい」と考えると、選択そのものを回避し、現状維持という「選択」をしてしまうわけです。

同調バイアス＝みんなで渡れば怖くない

選択を誤らせる心理的要因として、次に同調バイアスを紹介しましょう。

同調バイアス（または多数派同調バイアス）とは、自分以外に大勢の人が周りにいると、とりあえず周りに合わせようとする心理的傾向のことです。

2006年11月、千島列島沖でマグニチュード7・9の大地震が発生しました。北海道の太平洋・オホーツク海沿岸で津波警報が発令されましたが、実際に避難した住民は、オホーツク海沿岸では全体の27・1％、太平洋沿岸で全体のわずか7・7パーセントでした。

沿岸部に住むある男性は、逃げようとして外に飛び出たところ、津波特有の引き波の影響でウニが大量発生していることに気づきました。何人かの住民がウニ拾いをしているのを見たその男性は、避難することを忘れ、一緒にウニ拾いを始めました。

結果的に、大きな津波はなく、ウニ拾いをした男性や近隣住民に被害はなかったので、避難せずウニ拾いをした選択が間違っていたというわけではありません。ただ、単なる結果オーライですし、他人の行動に同調したという点で典型的な同調バイアスです。

地震のような緊急事態ですら他人に同調してしまうわけですから、家族の会話、近所の人との世間話、友人同士の飲み会といった場面では、同調バイアスのオンパレードと言っても良いでしょう。

同調バイアスはなぜ生まれるのでしょうか。これは、「赤信号、みんなで渡れば怖くない」という言葉に集約されるように、他人に同調すると安心感が得られるためです。自分が周囲の他人と違う考えを持っていて、それを表明・選択すると、他人との間で軋轢が生じます。軋轢を避け、安心感を得るには、他人に同調するのが得策です。

よく「安全・安心」とひとくくりに表現しますが、安全と安心は大きく違います。安全は危険性が高いかどうかという物理的現象であるのに対し、安心は安全かどうかを人がどう感じるかという心理的現象です。津波の危険よりも他人と同じようにウニ拾いをする、交通事故の危険よりもみんなと一緒に渡る――人間は安全よりも安心を重視する、つまり選択において物理的な合理性よりも心理面を重視しているということです。

保有効果＝持っているものが好きになる

最後に紹介する認知バイアスは、保有効果です。**保有効果**とは、自分がすでに持っているものを高く評価し、それを失うことによる損失を強く意識しすぎて、手放したくないと考える心理的傾向です。

小野寺さんは昨年、電機メーカーＰ社の株式を１，０００円で買いました。買ってからしばらくは値上がりしました。
ところが今年、Ｐ社で品質管理データを改ざんする不祥事が発生しました。これを受けて、株価は一気に５００円まで値下がりしてしまいました。
小野寺さんは、不祥事は一時的な現象で、Ｐ社の経営状態は良好だと考えました。現在の株価５００円は、市場が不祥事に過剰に反応した結果、過小評価されていると判断し、引き続き保有することにしました。

市場で５００円という株価が付いているのは、小野寺さんと違って多くの投資家がＰ社の株価は500円が妥当だと考えているわけで、それよりもP社を高く評価している小野寺さんは、保有効果に陥っていると言えます。

保有効果がなぜ発生するのでしょうか。

一つは愛着です。保有物とは日常的に接するので、愛着が湧いてきます。小野寺さんの場合、P社のニュースが流れるとニュースを聴き、電器店に行くとP社の製品に目が行きます。そうしているうちに、P社に対して愛着が生まれ、高く評価してしまいます。

もう一つは、選択の正当化です。保有物を手に入れる際、購入という選択をします。「P社は素晴らしい、今後値上がりするだろう」と考えたわけです。購入の際「素晴らしい」と考えたものの価値が値下がりすると、購入の選択が間違っていたことになります。人は自分の間違いを認めたく

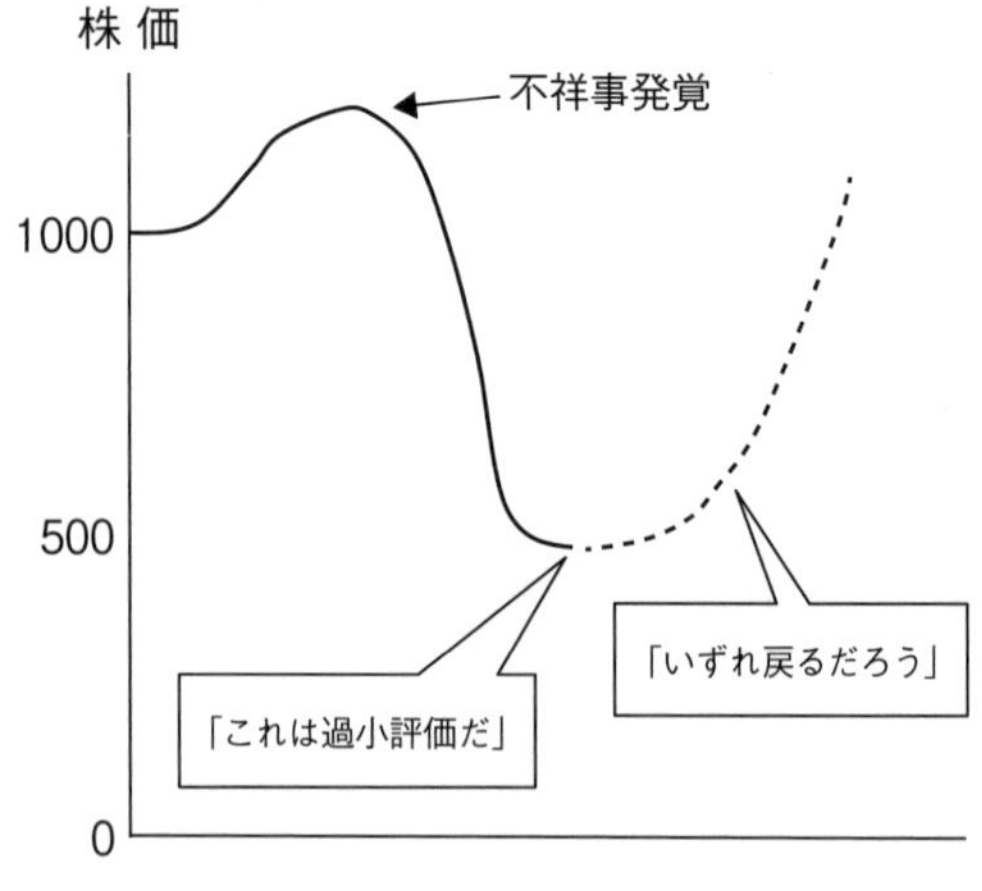

ないという心理があるので、選択を正当化しようとします。つまり、過去に行った選択が次の選択を誤らせてしまうのです。

逆に考えると、保有物でも自分が購入の選択をしていない場合、保有効果はそれほど大きくなりません。たとえば、小野寺さんが遺産相続でたまたまP社株を保有するようになったら、選択を正当化する必要はないので、保有効果はそれほど高まらないでしょう。

認知バイアスの克服

ここまで、代表的な認知バイアスとして、サンクコスト・生存バイアス・現状維持バイアス・保有効果・同調バイアスを紹介しました（他にもいろいろとあります）。

- サンクコスト＝過去にとらわれてしまう
- 生存バイアス＝勝ち残ったものに全体の評価が影響されてしまう
- 現状維持バイアス＝プラス面よりもマイナス面をより大きく評価してしまう
- 同調バイアス＝多数派の意見に合わせようとする

●保有効果＝持っているものを高く評価してしまう

これらはいずれも人間本来の心理によるものです。後になって冷静に振り返って「選択を間違えちゃったな」と気づくことはできても、選択の場面でこれらに気づいて、克服し、正しい選択をするのは、なかなか容易ではありません。

どうすれば認知バイアスを克服できるのでしょうか。

秘策はありませんが、次のように対応します。

①選択をする際に立ち止まって最悪のケースを考えてみる

最悪のケースを想定しておくことで、心理的な罠から逃れることができます。可能なら、最悪ケースの損失や被害を定量的に評価するようにしましょう。

小野寺さんは、当初P社の不祥事は一時的で、将来について楽観的な見通しを持っていました。ところが、改めて調べてみると、品質管理データ改ざんでP社を訴えようという顧客の動きがあることがわかりました。

もしもP社が訴訟で負けたら、損害賠償の支払いなどで株価は200円くらいまで下落する可能性があります。小野寺さんは考えを改めて、さっそくP社株を売却しました。

②他人のアドバイスを仰ぐ

リスクをどう受け止めるかは主観の問題で、とくに定量化できないテーマでは、自分ひとりで冷静にリスクを評価することは困難です。第三者に状況を伝えて、客観的に見てもらうと、バイアスに気づくことができます。

中山さんは不満を持ちながらも、M地区のマンションに住んでいました。ある日、会社の同僚の八島さんと昼食時に雑談していたところ住居の話題になり、思い切って相談しました。

八島さんは、3年前に引っ越しした経験があります。中山さんと同じように家族が引っ越しに難色を示していたそうですが、お子さんの高校入学を機に思い切って引っ越しました。結果的に住環境が大きく改善し、家族の皆さんは今は大満足しているそうです。

中山さんは、八島さん夫妻を自宅に招いてこの経験を話してもらいました。中山さんの奥さんは納得し、「思い切って引っ越ししよう」ということになりました。

とくに、小林さんの資産運用（P138）のように専門的なテーマで、検討に必要なデータが足りない場合、専門家に相談すると良いでしょう。

③ 正しい選択を強制する仕組みを作る

実際に選択の場面になると、①立ち止まって最悪のケースを考えたり、②他人にアドバイスを仰いだりするのは、なかなか困難です。そこで、選択に直面したら、間違った選択に気づき、軌道修正できるよう、事前に仕組みやルールを決めておきます。

2011年3月に起きた東日本大震災。東北各地で大きな被害が出る中、岩手県釜石市は、津波による被害を最小限に食い止めることができました。

釜石市では、震災の7年前から市内の小・中学生に津波対策を教えていました。「津波が来たら、先生の指示など気にせずに、すぐに高台に避難しなさい」

この教えを素直に実践した小・中学生の生存率は、ほぼ100%でした。

グループシンク

一人で選択する場合もあれば、グループで選択する場合もあります。「三人寄れば文殊の知恵」と言われるように、一般にグループでは、お互いが刺激し合って良い知恵が生まれ、良い選択が行われるような気がします。

しかし実際には、グループが非合理な選択をしてしまうことがよくあります。集団で決めた事がらが大きな過ちにつながる現象を**グループシンク**（groupthink、集団浅慮）と呼びます。

日本で最も有名なグループシンクの事例は、太平洋戦争の対米開戦の決定です。

1941年、アメリカは日本に対し中国・満州などから撤退することを要求し、経済制裁を強化しました。これに反発する陸軍の若手将校らは、対米開戦を主張するようになります。

近衛文麿・東条英機ら政府・軍の首脳は、日本とアメリカでは経済力・軍事力など大きな開きがあり、戦っても勝ち目がないことを明確に認識していました。しかし、開戦しないと陸軍の若手将校がクーデターを起こし、内乱状態になってしまうことが危惧されました。

1941年夏まで、首脳陣の間では、対米開戦に慎重な意見が支配的でした。しかし、議論を進めるうちに、徐々に「アメリカを奇襲攻撃して緒戦で勝てば、アメリカは戦意を喪失するだろう。そうすれば、有利な条件で講和できるのではないか」という楽観的な空気が支配し、開戦に反対する意見は聞かれなくなりました。

そして最終的に、勝つ見込みも戦争終結のあてもないまま、真珠湾攻撃による対米開戦という選択に至りました。


今日でも、いろいろな場面でグループシンクが起こっています。会社の会議で出席者全員が「おかしい」と思っているのに、誰も「おかしい」と口にせず、間違った合意になってしまった、という経験はないでしょうか。

日本人は周囲の人間の顔色を見る習性があるので、「余計なことを言って気を悪くしないかな」と配慮したりします。また、本当は十分にアイデアが共有されていない場合でも、「これくらいのことは、いちいち言わなくてもわかるでしょ」と考えたりします。日本人は、グループシンクに陥りやすいと言えるでしょう。

グループシンクという概念を提唱した社会心理学者のアーヴィング・ジャニスは、グループシンクへの対策として6点を提案しています。

①リーダーはメンバーひとりひとりに批判的な目を持つ役割を割り振る
②リーダーは自分の意見や予測を最初は言わないようにする
③それぞれのメンバーはグループの意見について信頼できる外部の人の意見を求めるようにする
④外部の専門家をグループの議論に加える
⑤最低1名のメンバーが「常に反対する」役割を担う
⑥リーダーは外部からの警告を検討する時間をあらかじめ確保する

これをさらにまとめると、「リーダーシップ」と「外部の視点」の2点がポイントになります。①②がリーダーシップ、③④⑤⑥が外部の視点です。

会議では、「誰かが決めてくれるだろう」「自分が発言しても、結果は変わらない」と他のメンバーに依存しがちです。そうではなく、各自が率先してリーダーシップを発揮します。誰がリーダーなのか不明確な場合、事前に明らかにしておきます（P130参照）。

外部の視点（第三者の視点）も、ここまで何度か強調してきたことですが、大切なのは意図的に第三者の意見を取り入れる機会を作ることです。そもそも第三者が会議に参加するか、報告を受け、アドバイスをする機会を与えられていないといけません。

他人の選択を変える

ここまで、自分あるいは自分が所属するグループが非合理的な選択をしないためにはどうすれば良いのかを考えてきました。

ところで、他人が非合理的な選択をしないように導いてあげたいと思うことがよくあります。

- 親：わが子のだらしない生活を変えさせたい
- 上司：いつも大事な業務を後回しにする部下に、優先順位をしっかり考えて取り組むようにしてほしい
- 企業：消費者に、見栄えは良いが品質の悪い商品ではなく、見栄えが悪くても品質の

良い商品を選んでもらいたい
- 株主：非効率な経営をしている経営者に経営方針を見直しほしい

基本は、説明です。第4章までの内容を踏まえて、現在の選択がなぜ、どのように間違っているのか、どういう選択が正しいのか、といったことを筋道立てて丁寧に説明します。筋道を立てる、つまりロジカルであることが説明では大切です。

ただ、ロジカルに丁寧に説明すれば納得してもらえるかというと、そうとも限りません。人間には、自分の間違いを認めたくない、他人の言いなりになりたくない（先ほどの同調バイアスとは矛盾しますが）、という心理があるので、明らかに正しいことを説明しても反発されたりします。

自分のやり方を否定され、いやいや方針を変えるのではなく、自ら進んで良い方向に選択と行動を変えるのが理想です。

ナッジの活用

そこで、近年注目されているのがナッジです。**ナッジ**（nudge）とは、「注意や合図のために人の横腹をひじで軽く押したり、突いたりすること」という意味で、行動経済学の開祖リチャード・セイラーが編み出した行動変容の理論です。

ナッジの最も有名な成功例は、「アムステルダムの小便器のハエ」です。

1999年、オランダ・アムステルダムのスキポール空港の運営会社は、経費削減を進めていました。そして、床の清掃費がかさんでいる男子トイレに注目しました。運営会社は、小便器の内側に一匹のハエの絵を描きました。ハエの絵の位置は、男性の小便の通常の軌道による到達点の少し上です。

この絵を導入してから、小便の飛散がなくなり、清掃費は以前と比べて8割も減少しました。

この事例のポイントは、「人は的があると、そこに狙いを定める」という心理的傾向を利用していることです。そして、なかなかうまいのが、ハエを描いた位置。男性の小便の通常の軌道の位置にハエが描いてあったら、いつも通りの所作なので、それほど「狙いを定める」という意識は働きません。ところが、いつもの軌道よりも少し上に的があると、「よし、狙うぞ」という気持ちが無意識の内に強まるわけです。

リチャード・セイラーが2017年にノーベル賞を受賞したこともあって、最近、ナッジを取り入れる動きが世界的に広がっています。コンビニエンスストアのレジ前の床に足跡をつけておき、そこに並ぶように誘導するというのも、ナッジの一例です。

こうした「なるほど！」と膝を叩くような有名な事例ではなくても、選択肢の見せ方をちょっと工夫することで、選択の結果は大きく変わります。

ある会社の人事部厚生課では、従業員の健康状態が同業他社と比べて悪いことがわかりました。「健康は食から」と考えた厚生課の担当者が注目したのは、社員食堂。以前は、社員食堂の入口近くにカレー・かつ丼など丼物のコーナーがあり、便利で手早く食事を済ませられることから、従業員に一番人気でした。そこで厚生課の担当者は、丼物コーナーを入口から遠い奥まった位置に移し、代わりに健康に良いサラダバーと定食コーナーを入口の近くに移しました。

この変更からわずか1年足らずで、コレステロール値など従業員の健康診断の各種指標が劇的に改善しました。

ナッジを活用するには、「健康状態が悪いのは、食事のバランスが悪いからだ、食事がバランスが悪いのは……」と因果関係を分析するよりも、行動を変えたい相手の行動や心理をじっくり観察するのが有効です。

非合理な選択がイノベーションを生む

この章の最後に、非合理的な選択の効用について紹介しておきます。

ここまで、第2～4章では合理的な選択の進め方を、第5章では非合理的な選択に陥る心理的な問題と対応を考えました。選択では、合理的に考え抜くことが大切です。

ただ、非合理的な選択が絶対に悪いかと言うと、そうとも言えません。逆に、非合理的な選択が素晴らしい結果を生み出すことがあります。

１９６２年に創業した当初のセコムは、イベントや事業所に警備員を派遣する人的警備を展開していました。１９６４年の東京オリンピックの選手村の警備を受注するなど、着実に事業は成長していました。

ところが、急成長の過程で致命的な不祥事が発生してしまいます。同社の警備員が派遣した小売店で泥棒を働いてしまったのです。

この事件で人的警備の限界を知った創業者の飯田亮社長は、契約先にセンサーと制御機器を設置して異常を察知したら警備員を急行させる機械警備システムの開発に着手します。

１９６６年に機械警備システムを導入し、実用のめどが立つと、順調に成長していた人的警備（常駐警備・巡回警備）から撤退しました。

飯田社長以外のすべての役員が機械警備の普及に不安を感じ、人的警備からの撤退に反対しました。しかし、機械警備に経営資源を集中させようという飯田社長の決意は揺らぎませんでした。

その後セコムは、機械警備システムで今日に至るまで成長・発展しているので、飯田社長の機械警備導入、人的警備撤退選択は正解でした。ただ、それは結果論であって、飯田社長以外のすべての役員が反対した通り、非合理的な選択でした。

こうした非合理的な選択が大成功を生むことはよくあります。

イトーヨーカドーの鈴木敏文常務がアメリカのセブンイレブンを日本に導入しようとしたとき、ほとんどの役員は「広い店舗で豊富な品揃えと安さを提供するスーパーマーケットに勝てるはずがない」と反対でした。

経営危機に見舞われたヤマト運輸の小倉昌男社長が宅急便を導入しようとしたとき、他のすべての役員は「全国のネットワークを持つ郵便局でも宅配事業は赤字なのに、一民間企業が成功するはずがない」と反対しました。

今までにない新しいこと全般を**イノベーション**（innovation、革新）と言います。セコムの機械警備も、セブンイレブンも、ヤマト運輸の宅急便も、戦後の日本を代表するイノベーションです。

そして、いずれも推進者以外は全員反対だったという点で、非合理的な選択でした。非合理的な選択が、結果的に世の中を変えるイノベーションを生み出したのです。

考える順序が大切

なぜ、非合理的な選択がイノベーション、画期的な成果をもたらすのでしょうか。

非合理とは、言い換えるとハイリスク・ローリターンということです。うまく行って大きな成果を上げるのか、大失敗に終わるのかが不確か（ハイリスク）で、成功の見込みは非常に低い（ローリターン）ので、合理的に考えると誰もやりたがらないわけです。逆に誰もやりたがらない、そして実際に誰もやっていないことだったので、非合理的な選択をした彼らが市場に一番乗りをすることができました。

市場に一番乗りすると市場を独占でき、規模の経済性（たくさん生産するとコストが下がる現象）でコストが下がります。「宅急便と言えばヤマト」といったブランドが構築できます。このように、他社に先行すると優位になる効果のことを企業経営では**先行優位性**と言います。誰もやりたがらなかった、考え付かなかった非合理的な選択を他社に先駆けて実施することで、他社に対して優位に立てます。

結果として、奇抜な新製品・新サービスが世の中に受け入れられ、「画期的なイノベーションだ！」と称賛されるわけです。

もちろん、闇雲に他人と違ったことを考えれば良いわけではありません。ハイリスク・ローリターンの非合理的な選択は、簡単に言うとギャンブルです（P105参照）。何も考えず「えい！」と一発勝負をしても、たいてい好ましくない結果に終わります。

大切なのは考える順序。まず、あるテーマについて既成概念にとらわれず発散的に幅広く考えます。選択肢を合理的に比較・検討します。そして、考えに考えた末、どうしても決められない最後の部分について、「よし！」と思い切って非合理的な決定をするのです。

ヤマト運輸の小倉昌男社長は、ビジネスで成功するための絶対条件として「ロジカルであること」を挙げています。経

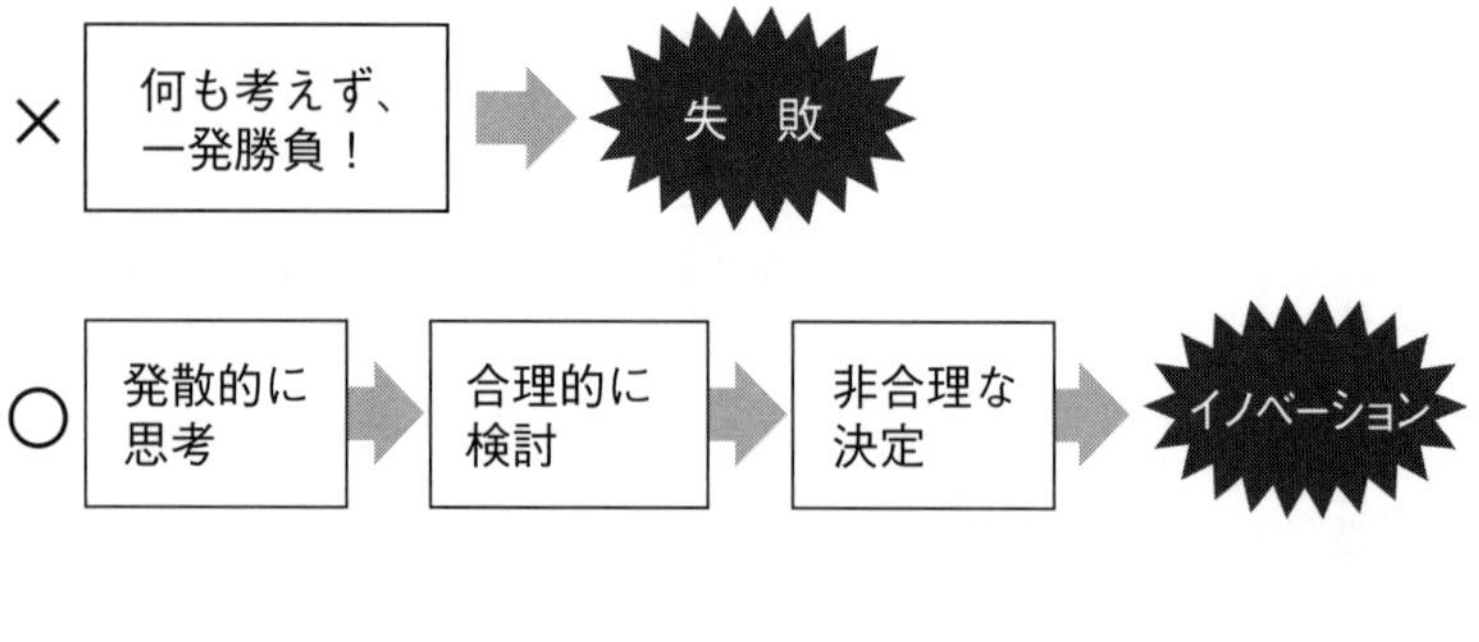

営危機に直面した小倉昌男社長がロジカルに考え抜いた末に宅急便を考案した通り、ロジカル＝合理的に考えることがまずあって、その先のひらめきや大胆な決断から大きな成果が生まれるのです。

非合理的な選択といっても、パッと思い付いた選択肢に飛びついたり、この章で紹介したような心理的なバイアスにとらわれてしまうことではありません。イノベーションを生み出す非合理な決断とは似て非なるものなのです。

第6章

実践！ 選択のワークシート

進学・結婚・就職・転職・転居・起業・投資・ダブルブッキングなど家庭生活やビジネスのさまざまな選択の場面について、書き込めば決定までたどり着くワークシートを紹介します。

1

進学するか、就職するか

現在高校3年生で、大学に進学するべきか、就職するべきか迷っています。

1 現在の自分の状況は？（性格、強み、学力、家庭環境など）

2 どういう大人になりたいか？　将来何をやりたいか？　どういう生活をしたいか？

3

2を実現する上で、大学に行くことはプラスになるか？

Yes

No

4

就職以外に、選択肢はないか（専門学校進学、モラトリアムなど）？

5

最終決定、注意すべきことがら

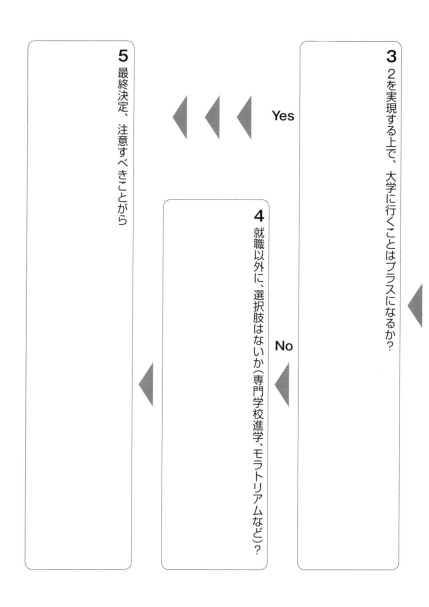

2 就職

大学卒業に当たり、どういう会社に就職しようか迷っています。

1 現在の自分の状況は？（性格、強み、経済力、家庭環境など）

2 好きな仕事、やりたい仕事は？

3 自分の特徴・強みを生かせる仕事は？

4 給料・勤務時間など条件の良い仕事は？

5 好きな仕事、自分の特徴・強みを生かせる仕事、条件の良い仕事のどれを重視するか。

6 5の仕事をできる会社はどこか?

7 最終決定。希望通りにならなかったらどうするか。

3 転職するか、しないか

現在の勤務先には給料面でも仕事面でもいま一つ満足できないことから、転職を考えています。

1 現在の勤務先の問題は？（給料、仕事内容、人間関係、休暇など）

2 会社に何を期待しているか？（仕事、給料、帰属欲求など）

3 現在の会社で仕事・報酬を改善し、2を満たすことは可能か？

Yes

No

5
2を満たす会社は?

4
最終決定（転職しない）。仕事・報酬を改善するためにやるべきことは?

6
最終決定（転職する）。採用試験に落ちたらどうする?

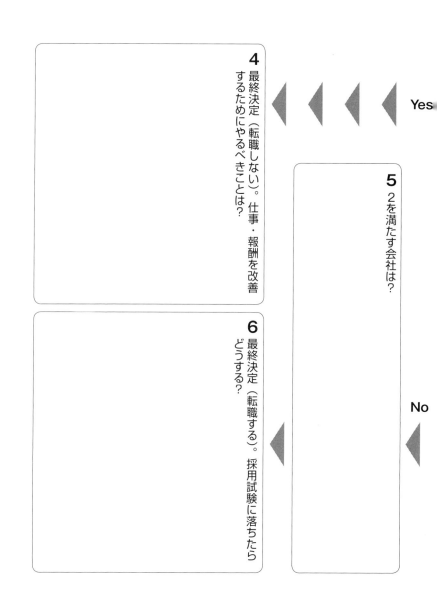

4 結婚するか、しないか

現在付き合っている彼氏と結婚するべきかどうか、迷っています。

1 現在の自分自身と彼氏の状況は？（職業、収入、家族、性格、親密さなど）

2 結婚相手に何を期待しているか？（収入、相性、親の介護など）

3 彼氏は、2を満たしているか？

Yes

No

5 今後、彼氏が2を満たすように変化するか？　自分が2の要求を引き下げられるか？

Yes

4 最終決定（結婚する）。注意すべきことがらは？

No

6 最終決定（結婚しない）。彼氏との関係をどうするか？

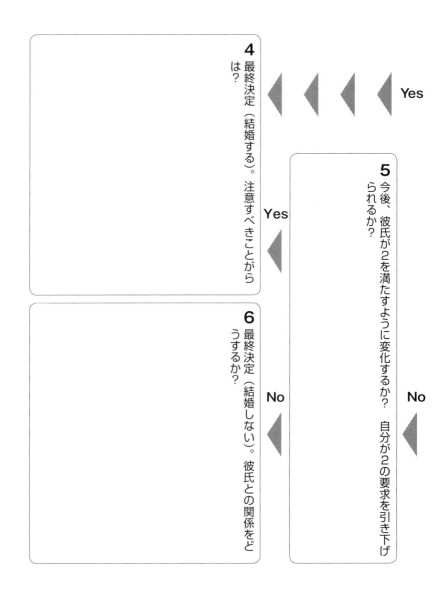

5 転居するか、しないか

現在住んでいる賃貸マンションは会社に近く通勤は便利ですが、狭いので、郊外に転居するかどうか迷っています。

1 現在の住居の状況・問題点は？（生活の利便性、通勤・通学の利便性、家賃、居住性など）

2 住居に何を求めるか？（生活・通勤・通学の利便性、家賃、居住性など

3 現在の住居で2を我慢できるか？

Yes

4 最終決定（転居しない）。改善すべきことがらは？

5 2を満たす住居は？

No

6 最終決定（転居する）。条件に合う物件が見つからなかったら？

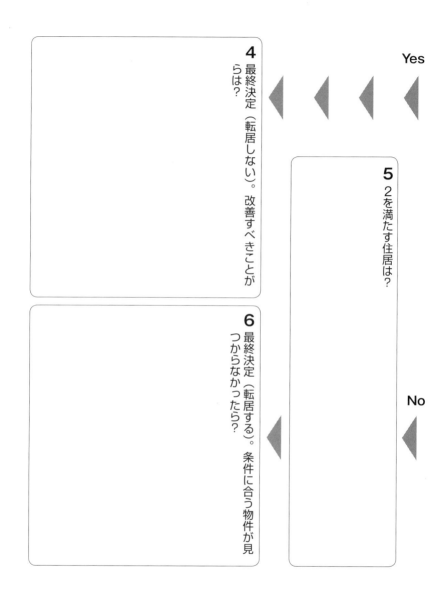

会社勤務を辞めてビジネスを始めようと考えています。

1 ここまでのキャリアと状況を振り返ってください（勤務先、担当業務、資格、ネットワーク、資金力など）

2 自分の強み（strength）は?

4 機会（Opportunity）は?

3 自分の強みを生かす事業アイデアは？

5 機会を捉える事業アイデアは？

6 フィージビリティ（市場規模、需要見通し、コスト、投資、採算性など）

7 最終決定。留意点。

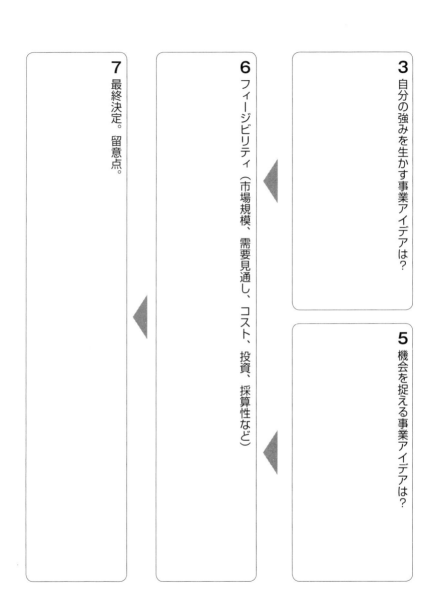

7 資産運用

老後に備えて資金を蓄えようということになりました。どういう方法で資金運用するか迷っています。

1 現在・将来の自分・家庭の状況は？（収入、資産、住居、生活、健康状態など）

▼

2 老後にどれくらいの資金が必要で、いくら足りないか？

▼

3 ハイリスクハイリターン志向か、金融知識があるか？（ローリスクローリターン志向か、金融知識がないか？）

Yes

4 ハイリスク・ハイリターンの金融商品は？

No

5 ローリスク・ローリターンの金融商品は？

6 最終決定。情報収集・学習・リスク管理などやるべきこと？

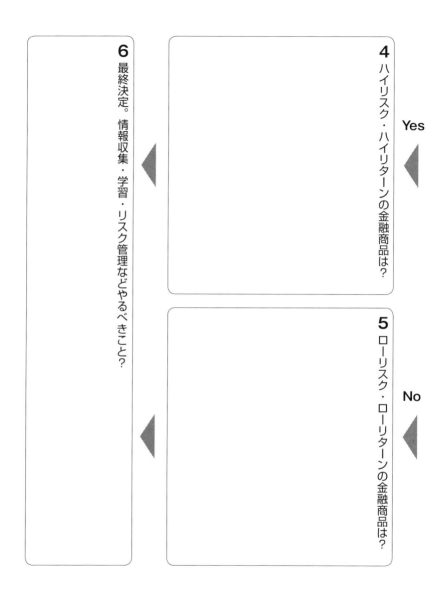

8 親との同居

都内に住んで会社勤務をしています。九州で1人暮らしをしている83歳の母親と同居するべきかどうか迷っています。

1 自分・家族の状況（住居、会社、学校など）

2 自分・家族の希望

3 母親の状況（住居、健康状態、生活など）

4 母親の希望

5 何を重視するか？（自分・家族の希望、母親の健康状態など）

6 5を実現する選択肢は？（一人暮らし、同居、定期訪問、介護老人保健施設など）

7 最終決定。留意点。母親または家族が同意しなかったら？

9 旅行の行先

奥さん、長女の3人で、夏休みに旅行することになりました。どこへ行こうか迷っています。

1 過去の旅行の振り返り（行先、内容、満足度など）

2 自分の希望

3 奥さんの希望

4 長女の希望

5

旅行で何を重視するか？（食事、観光、体験など）

6

5を実現する選択肢は？

7

最終決定。宿泊などが予約ができなかったら？

10 デートと仕事のダブルブッキング

来週水曜日、彼女の誕生日でデートを予定しています。ところが、その日、海外からの来客の対応をする業務が入り、ダブルブッキングの状況になってしまいました。

1 現在の仕事の状況は？（進み具合、社内の評価など）

2 仕事をキャンセルした場合に想定される最悪の結果は？

3 現在の彼女との付き合いの状況は？（親密さ、彼女の性格など）

4 デートをキャンセルした場合に想定される最悪の結果は？

4 人生において重視していることは？（充実した仕事、収入、生活の楽しさ、彼女との関係など）

5 どちらかをキャンセルせずに済ます第三の方法は？

6 決定基準（4の答え）によって、仕事・デート・5の第三の方法を評価

7 最終決定、注意すべきことがら

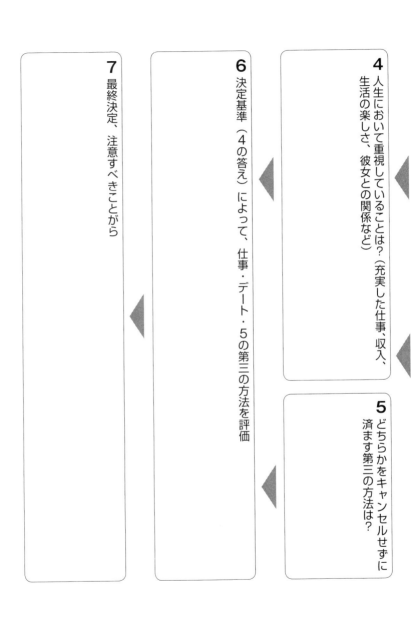

11 リーダーの選任

マンションの自治会で、会長の任期が終わるので、自治会総会を開催して次期会長を選任します。

1 議事進行と決定方法の確認

2 マンションの状況と自治会の活動の確認

3 立候補・推薦の募集

4 立候補者の決意表明

5 推薦の理由説明

6 各候補者のメリット・デメリットを討論

7 最終決定。留意点。

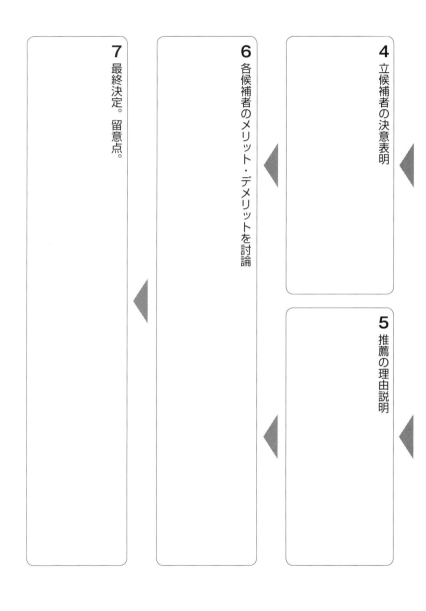

著者紹介

日沖　健（ひおき　たけし）

日沖コンサルティング事務所 代表

産業能率大学 講師、中小企業大学校 講師

慶應義塾大学卒、

Arthur D. Little School of Management 修了

MBA with Distinction.

日本石油（現・JXTG）勤務を経て現職

専門：経営戦略のコンサルティング、経営人材育成

著者：『戦略的トップ交代』『戦略的事業撤退の実務』『成功する新規事業戦略』
『実戦ロジカルシンキング』『問題解決の技術』『歴史でわかるリーダーの器』
『コンサルトが役に立たない本当の理由』『変革するマネジメント』
『経営人材育成の実践』『全社で勝ち残るマーケティング・マネジメント』
『社会人のための問題解決力』『ケースで学ぶ経営戦略の実践』
『ワンランク上を目指すための ロジカルシンキング トレーニング 77』
『できるマネージャーになる！マネジメントトレーニング 77』
『ビジネスで使いこなすためのロジカルコミュニケーション 77』など。

hiokiti@soleil.con.ne.jp

後悔しないための
ロジカルな意思決定 スマートチョイス　〈検印廃止〉

著　者　　日沖　健

発行者　　飯島聡也

発行所　　産業能率大学出版部
東京都世田谷区等々力 6-39-15　〒 158-8630
（電話）03（6432）2536
（FAX）03（6432）2537
（振替口座）00100-2-112912

2018年 10 月 31日　初版 1 刷発行

印刷所・製本所／日経印刷

（落丁・乱丁はお取り替えいたします）　ISBN 978-4-382-05764-7